VISITE

A

L'HÔTEL DES INVALIDES

PARIS

IMPRIMERIE DE L. TINTERLIN ET C⁰

Rue Neuve-des-Bons-Enfants, 3.

VISITE

A L'HOTEL

DES

INVALIDES

PARIS

E. DENTU, LIBRAIRE-ÉDITEUR

GALERIE D'ORLÉANS, 17 ET 19, PALAIS-ROYAL

—

1863

PRÉFACE

—

Chaque jour un grand nombre de visiteurs parcourent l'Hôtel impérial des Invalides, cherchant avec une sorte d'avidité à connaître ce que renferme cet asile consacré aux vieux soldats de la France. Les trophées surtout, conquis par nos armées, canons ou drapeaux, excitent la juste curiosité. Chacun voudrait se rendre compte des péripéties à la suite desquels ces glorieux témoins de la valeur française sont venus en notre pouvoir.

Jusqu'à présent les livres qui traitent de l'Hôtel des Invalides décrivent longuement les bâtiments, les cours, les jardins, s'étendent sur l'église, sur le dôme, sur le tombeau de l'Empereur ; mais ne font qu'indiquer en passant (alors même qu'ils les indiquent), les trophées conquis, les objets donnés ou

1.

déposés, et qui se trouvent dans ce bel établissement. Aucun ne parle de la provenance, ne fait l'historique de ces objets précieux. Les auteurs n'avaient-ils pas les documents nécessaires, ou ont-ils reculé devant les études et le travail qu'exigent les recherches indispensables quand on veut remonter aux origines; c'est ce qui est à présumer.

Nous avons voulu combler cette lacune.

Ce petit livre est donc principalement consacré à la *description* et à *l'histoire* des trophées et objets curieux que renferme l'Hôtel Impérial des Invalides.

Nous l'avons divisé en sept chapitres.

1° Batterie triomphale et batterie trophée (notice historique). Description de chaque bouche à feu.

2° Objets qui se trouvent dans l'église Saint-Louis. Savoir : Les drapeaux conquis sur l'ennemi (notice historique), description, provenance et emplacement de chaque trophée; les tableaux, les lustres donnés par le prince Jérôme ; le caveau des gouverneurs ; le spécimen de la statue de Napoléon Ier;

3° Objets qui se trouvent sous le dôme et autour du tombeau de l'Empereur. Savoir : Drapeaux (historique), armes et décorations de Napoléon (historique), tombeau de Turenne, de Vauban, de Bertrand et de Duroc (historique).

4° Objets qui se trouvent à la salle du conseil. Savoir : Le cadre de Sainte-Hélène, l'enveloppe du cercueil de l'Empereur, les bustes et portraits des souverains et des gouverneurs, les spécimens des drapeaux des armées françaises, le spécimen de la statue équestre de Louis XIV.

5° Objets qui se trouvent à la bibliothèque. Savoir : Le boulet de Turenne, le spécimen de la colonne Vendôme, les livres précieux, le médaillier, le plan et relief de l'Hôtel, les tableaux.

6° Galerie des plans, reliefs (notice historique et description de chacun d'eux).

7° Objets divers.

VISITE

A

L'HOTEL DES INVALIDES

—o‡o—

I

BATTERIE TRIOMPHALE. — BATTERIE TROPHÉE. — NOTICE
HISTORIQUE. — DESCRIPTION.

En franchissant la grille qui sépare l'esplanade de
l'avant-cour de l'Hôtel des Invalides, la première
chose qui frappe les regards et attire l'attention, est
une quantité de bouches à feu de divers mais en général de très-fort calibres; les unes sur affûts, les
autres sur le sol et non montées. Les pièces montées
constituent ce qu'on appelle la *Batterie Triomphale*.
Ce nom vient de ce que les grands événements, les
événements glorieux ou heureux pour la France,
sont annoncés aux habitants de Paris par les salves
de cette batterie, dont l'origine remonte au règne de
Louis XIV.

Lorsque le grand Roi eut créé l'asile splendide qu'il consacrait aux guerriers mutilés et aux vieux soldats de la France, il voulut entourer ses nouveaux pensionnaires de ce qui pouvait leur rappeler leur noble carrière. C'était là, non-seulement une pensée touchante et élevée, mais encore une pensée politique pouvant avoir une influence réelle sur les sentiments d'un peuple déjà si disposé à s'enflammer aux souvenirs de sa gloire militaire.

On plaça donc, d'après les ordres de Louis XIV, dans l'avant-cour de l'Hôtel, plusieurs pièces de canon dont nous ne saurions dire aujourd'hui le nombre ni la provenance.

Le 3 décembre 1743, sous Louis XV, le ministre de la guerre, marquis d'Argenson, prescrivit au gouverneur des Invalides, M. de Courneufve, d'envoyer à la fonderie de l'arsenal de Paris, cinq des pièces de canon qui se trouvaient à la batterie de l'Hôtel, et pesant ensemble 7,000 livres, pour servir à la fabrication de deux pièces de 24, de deux de 16 et de deux de 12, qu'on monta sur affûts; celles-ci furent armées au compte du Roi et entrèrent dans la composition de la *Batterie Triomphale*. (La lettre de M. d'Argenson se trouve aux archives de l'Hôtel).

En 1755, la batterie des Invalides comprenait seize pièces de canon, trois mortiers et un pierrier avec affûts et armements complets. Elle exista jusqu'au moment de la prise de la Bastille (13 juillet

1789). Ce jour-là, le peuple envahit l'Hôtel des vieux soldats, enleva les canons et les fusils, malgré le gouverneur comte de Sombreuil, et se servit de ces armes pour attaquer la forteresse.

On ne retrouve plus de trace de la batterie des Invalides de 1789 à 1800.

Par dépêche du 11 ventôse, an VII (22 février, 1800), le ministre de la guerre, général Berthier, prescrivit de rétablir cette batterie, en plaçant sur l'esplanade, devant l'Hôtel, quatre pièces de canon de gros calibre, qui devaient être servies par des invalides. Toutefois, le directeur de l'artillerie ne put disposer que de deux pièces de 12 qui y furent établies. On les retira le 27 messidor de la même années (16 juillet 1800), on décida que les pièces nécessaires au service des salves seraient fournies par l'artillerie de la garde consulaire. On ne laissa dans l'avant-cour que quelques pièces non montées sur affûts. Il en fut ainsi jusqu'au 25 messidor, an XII (14 juillet 1804), jour où le même ministre approuva la demande formée par le gouverneur, maréchal Serurier, pour le rétablissement de la batterie spéciale des Invalides.

Pendant les dix années que dura l'empire, cette *Batterie Triomphale* servit fréquemment à annoncer aux habitants de la capitale de la France, les nombreuses victoires des armées françaises ainsi que les grands événements qui se succédaient alors avec tant de rapidité. A plusieurs reprises, des bouches à feu conquises sur l'ennemi furent envoyées à l'Hôtel pour en relever encore la glorieuse importance.

Après la seconde restauration, en décembre 1815, la *Batterie Triomphale*, composée de bouches à feu de divers calibres, fut réduite à trois pièces de 8 et à trois de 4 ; tout le reste du matériel existant alors aux Invalides fut versé à la direction de l'artillerie.

L'année suivante (1816), à l'occasion du mariage du duc de Berry, la *Batterie Triomphale* chargée d'annoncer à Paris l'entrée de la jeune princesse fut modifiée : les pièces de 8 et de 4 furent remplacées par dix canons de 24.

Voici la curieuse lettre adressée à ce sujet par le ministre, duc de Feltre, au gouverneur, duc de Coigny, le 2 mai 1816 :

« Monsieur le duc, j'ai l'honneur de vous prévenir que je donne des ordres au directeur d'artillerie de Paris pour qu'il fasse remplacer les pièces de campagne qui avaient été placées provisoirement à l'Hôtel royal des Invalides, par une batterie de dix canons de siége de 24, *étrangers*, montés sur des affûts marins, qu'il fera prendre à Vincennes ; je lui prescris en même temps de prendre des mesures pour que cette batterie soit établie avant l'arrivée à Paris de S. A. R. madame la duchesse de Berry.

« Je vous invite, monsieur le Duc, à donner les ordres nécessaires pour la conservation et le bon entretien de ce matériel et de ces canons, qui seront laissés à la garde des militaires invalides de l'Hôtel,

qui les manœuvreront dans les occasions où ces bouches à feu serviront à annoncer à la capitale les cérémonies publiques et les grands événements.

« Les pièces de campagne et les affûts qui ne seront pas utiles au service de cette nouvelle batterie,
devront être remis à la disposition de M. le directeur
d'artillerie à Paris, qui les fera rentrer à Vincennes. »

C'est bien évidemment de ce jour que date la pensée de rendre aux vieux soldats la batterie triomphale de Louis XIV, de Louis XV et de Napoléon,
dont les événements politiques les avaient privés à
diverses reprises.

Malheureusement, une difficulté matérielle, qu'il
était facile d'aplanir (ce qu'on ne chercha pas à faire),
mit obstacle à l'établissement en batterie, aux Invalides, des canons *étrangers*, comme l'explique la
lettre ci-dessous, en date du 7 mai 1816, du duc de
Feltre au duc de Coigny :

« Monsieur le Duc, j'ai l'honneur de vous prévenir que, d'après le compte qui m'a été rendu que les
canons *étrangers* que je vous ai annoncés, par ma
lettre du 2 de ce mois, devoir être placés aux Invalides, n'ayant pu être montés sur des affûts destinés
aux plates-formes établies sur l'esplanade de l'Hôtel,
je donne des ordres pour qu'on substitue aux dix canons étrangers qui avaient d'abord été désignés,
douze canons *français* de 24 court, pour autant de
plates-formes en pierre qui existent aux Invalides,

par ce moyen la batterie de pièces de siége qui devait y être placée sera complète. »

On ne tarda pas à reconnaître que ces douze canons de 24 appartenaient à un système d'artillerie vicieux. On dut les refondre et on résolut de les remplacer (décision du 13 avril 1822) par les douze plus anciens canons de 24, dont les dates de fabrication se rapprochaient le plus de l'époque de la création de l'Hôtel.

Ces canons étaient : le *Greffier*, le *Mineur*, le *Receveur*, le *Maréchal de la Mailleraye*, fondus à Brissach, les trois premiers en 1586, le quatrième en 1642 ; le *Duc Mazarini*, fondu à Narbonne en 1668 ; le *Buffle*, l'*Ingénieur*, le *Fort*, le *Jaloux*, le *Critique*, l'*Impitoyable* et le *Meurtrier*, fondus à Douai de 1671 à 1678. Le *Greffier*, le *Mineur*, le *Receveur*, le *Maréchal de la Mailleraye*, le *Critique* et l'*Impitoyable* arrivèrent des arsenaux du Nord et furent mis en batterie en juin 1822 ; le *Duc Mazarini*, le *Buffle*, le *Fort*, le *Jaloux*, venant de Bellegarde ; l'*Ingénieur*, de Saint-Jean-Pied-de-Port, et le *Meurtrier*, de La Rochelle, furent mis en batterie un peu plus tard.

Telles sont les différentes phases par lesquelles passa la *Batterie Triomphale* des Invalides, sous la Restauration.

Après la révolution de Juillet, sur le rapport du ministre de la guerre, M. le général Gérard, et conformément à la proposition du maréchal Clauzel, gouverneur de l'Algérie, le roi décida, le 9 octobre 1830, que vingt-quatre pièces de canon en bronze, de dimensions colossales, pesant plus de 5,000 kilog. chacune, provenant de la conquête d'Alger seraient expédiées en France et envoyées aux Invalides, comme trophées de ce glorieux fait d'armes. Un an après, le ministre de la guerre, maréchal duc de Dalmatie, prescrivit de réunir à l'Hôtel les bouches à feu les plus remarquables provenant des anciennes victoires des armées françaises, afin d'en perpétuer le souvenir.

Deux pièces de canon prises à Alger furent aussi envoyées de l'arsenal de Toulon à la succursale des Invalides d'Avignon, et mises en batterie pour servir aux salves des fêtes nationales.

La *Batterie Triomphale* de l'Hôtel ne put recevoir toutes ces bouches à feu. Quatorze seulement eurent cette destination, savoir : huit canons *prussiens* de 24, pris à Vienne, après la bataille d'Austerlitz, dont six étaient déjà à l'arsenal de Strasbourg et deux à celui de Metz; deux canons *hollandais* de 24, tirés de l'arsenal de Douai, et quatre *turcs* et *espagnols* de 24 et 27, de l'arsenal de Toulon.

Les autres pièces furent déposées à l'Hôtel comme trophées. Savoir : Vingt-quatre canons pris à *Alger;* un obusier-canon de Constantinople, pris à *Navarin;* deux canons *vénitiens* de 33; un canon *autrichien* de 27, fondu en 1580, provenant tous de l'arsenal de Toulon; une couleuvrine *allemande* de 12, venant de l'arsenal de Strasbourg; une couleuvrine d'*Eh-renbreitstein*, du calibre de 141, et un canon *autri-chien* de 48, tiré de l'arsenal de Metz; ces derniers formèrent ce que nous appellerons la *Batterie Trophée*.

Un mot sur ces diverses et curieuses bouches à feu.

Les huit canons *prussiens* faisaient partie des deux mille trois cent trente-trois bouches à feu *russes* et *autrichiennes* reçues à Strasbourg après la bataille d'Austerlitz. Ils avaient été fondus à Berlin en 1708 par les ordres de Frédéric Ier, électeur de Brandebourg et premier roi de Prusse, qui en fit ainsi fabriquer douze, que l'on appela les *douze Apôtres* et qui auraient été mieux nommés les *douze Électeurs*, parce que le roi donna à chacun d'eux le nom de l'un des onze électeurs de Brandebourg, ses prédécesseurs, et son propre nom au dernier.

Ceux portant les noms de Frédéric *Dent de fer*, mort en 1471; d'Albert, dit *l'Achille* et *l'Ulysse*, mort en 1486; de Joachim, dit *l'Hector*, mort en 1571, et de Jean-Georges, mort en 1598, manquent à cette collection.

L'armée autrichienne, après la bataille de Gorlitz, en 1757, prit à l'arsenal de Berlin onze des pièces dites les *Apôtres* (il est probable que la douzième était à Spandau), et les fit transporter à Vienne, d'où, en 1805, après la bataille d'Austerlitz, Napoléon les fit envoyer à Strasbourg. Il y a lieu de penser que les trois autres pièces qui manquent et qui disparurent de l'arsenal de Strasbourg, ont été mises à la fonte en 1815, pendant le blocus de cette ville, pour fabriquer de la monnaie.

Les difficultés de transport firent renoncer à comprendre dans la *Batterie Triomphale* la couleuvrine le *Griffon*, dite *d'Ehrenbreitstein*, qui pèse 12,000 kilog.; cette pièce resta à l'arsenal de Metz.

Les deux canons *hollandais* ayant trop de ressemblance avec les canons *français*, furent renvoyés, par décision du 19 mars 1832, à l'arsenal de Vincennes, et remplacés par deux autres de même nationalité, pris dans la citadelle *d'Anvers*, le 22 septembre 1832, et qui reçurent une inscription commémorative.

Conformément à une décision du 14 décembre 1831, les douze canons *français* de 24, auxquels avaient été ajoutées deux autres bouches à feu, ayant été jugés hors de service, on les fit rentrer à l'arsenal en 1832, lorsque les canons *étrangers* arrivèrent.

La batterie fut alors composée de huit canons prussiens, dits les *Apôtres*, placés comme ils le sont encore actuellement, avec un *hollandais* à chaque extrémité et les deux pierriers aux deux angles ; au centre et près de la grille, les deux canons *autrichiens*, le canon *vénitien* et la couleuvrine *allemande*. Les autres bouches à feu restèrent déposées sur le terre-plein jusqu'en 1836, époque à laquelle on établit, pour les recevoir, un chantier en maçonnerie sur lequel ces canons furent placés.

Le 20 août 1838, on ajouta à la batterie deux pièces françaises de 24, provenant de la batterie de brèche de *Constantine*, et quelques jours après, le 12 octobre 1838, on renvoya à l'arsenal de Vincennes deux canons pierriers *algériens* de treize pouces, un canon pierrier turc, de dix pouces quatre lignes, et deux obusiers-canons algériens de sept pouces.

Le 12 avril 1843, quatre canons *algériens* furent livrés au sculpteur Marochetti, pour entrer dans la composition des deux statues élevées au duc d'Orléans, l'une en France et l'autre à Alger. Le 12 septembre suivant, un autre canon algérien fut livré à M. Raggi, également sculpteur, chargé d'exécuter une autre statue du même prince, pour Saint-Omer.

Le gouvernement républicain de 1848 ne modifia pas la *Batterie Triomphale*; mais, par une décision impériale du 9 décembre 1854, deux canons *français* de 12, provenant de l'équipage de siége de l'armée d'Égypte, abandonnés au siége de Saint-Jean d'Acre, en 1799, et retrouvés dans l'arsenal de *Poros* (Grèce), furent envoyés aux Invalides et prirent place à côté des pièces algériennes.

En 1856, le matériel de l'Hôtel fut encore augmenté de dix-huit bouches à feu venant de *Sébastopol*. Savoir : quatre canons de campagne; quatre obusiers de siége; quatre obusiers de campagne; six mortiers. Deux des obusiers de siége prirent dans la batterie la place de deux canons français de la batterie de siége de Constantine.

En 1858, l'Hôtel reçut un canon *chinois*, enlevé à Canton, la même année; et le 21 juin 1860, un canon *cochinchinois*, pris à Tourane et remis à S. M. l'Empereur par l'amiral-commandant en chef. Mais, par décision ministérielle du 13 septembre 1860, les seize bouches à feu *russes* et les deux canons *français* provenant de la batterie de brèche de Constantine furent rendus à la direction d'artillerie.

Depuis cette époque, la *Batterie Triomphale* a été composée comme elle l'est encore aujourd'hui. Savoir : de huit canons *prussiens* ayant à leurs extrémités deux canons *hollandais* et deux obusier-canons *russes;* aux deux angles, deux mortiers *algériens;* au centre, du côté droit, deux canons *autrichiens;* du côté gauche, le canon *vénitien* et la couleuvrine *wurtembergeoise.*

La *Batterie Trophée* repose sur deux chantiers en maçonnerie. Elle se compose ainsi : De chaque côté, huit canons *algériens* ayant à leurs extrémités un canon *français* ; en arrière, à droite, le canon *cochinchinois* et à gauche le canon *chinois.*

D'après ce que nous venons de dire, au moment ou nous écrivons ces lignes (avril 1863), *la Batterie Triomphale* se compose de dix-huit bouches à feu montées sur affût de siége; *la Batterie Trophée*, de vingt canons placés sur chantier. Total 58 bouches à feu.

La *demi-batterie triomphale de droite* (c'est-à-dire

celle que l'on trouve à main gauche lorsqu'on dépasse la grille en venant de l'extérieur), est formée de neuf bouches à feu, savoir :

N° 1. (La plus rapprochée de la grille). CANON AUTRICHIEN en bronze, d'une longueur de 3 mètres 20, du calibre de 27, pesant 2,362 kilogrammes, fondu en 1580, à Vienne, par Martin Mürger. Cette pièce a pour bouton de culasse une figurine représentant un homme coiffé d'un turban et tenant dans ses mains une corbeille de fleurs. Le second renfort est entouré de figurines et de feuilles gravées. Au-dessus se trouve un écusson surmonté de la couronne impériale avec une croix, écusson dont les supports sont des lions couronnés vomissant la flamme. Dans un médaillon gravé plus haut encore, se trouve une inscription allemande dont voici la traduction : *Charles, par la grâce de Dieu archiduc d'Autriche, duc de Bourgogne, de Styrie, de Carinthie, comte du Tyrol,* etc. (1650). Les anses de cette pièce sont formés par deux chevaux marins les genoux entrelacés. A la volée, un combat, et au-dessus un oiseau les ailes déployées avec cette devise en allemand. *Dès que dans les airs mon chant retentit, les murailles par moi sont renversées.* Sur chaque tourillon, deux ours sur fond de feuillage avec le nom du fondeur.

N° 2. CANON AUTRICHIEN en bronze, fondu à Vienne, en 1681, du calibre de 48, ayant 3 mètres 40 de long. Le bouton de culasse est une feuille d'acanthe terminée par une grappe. La lumière est placée à la partie supérieure de la culasse, en arrière de la plate-bande. Au deuxième renfort, on voit un médaillon gravé au centre duquel on trouve trois branches d'arbres et de chaque côté un aigle à deux têtes posé sur deux Indiens accroupis, les mains liées derrière le dos et posés eux-mêmes sur deux pièces de canon : au centre, entre les deux têtes de l'aigle, une couronne surmontée d'un ruban. Les deux anses sont des chevaux marins. Au premier renfort un ruban de plumes, des aigles, des faisceaux d'armes et de drapeaux avec une devise allemande. Au-dessus, un aigle les ailes déployées se précipitant à fleur d'eau sur un dauphin, avec la devise latine dont voici la traduction : *Je l'enlèverai ou je serai submergé.* Entre l'astragale et le bourrelet, quatre couronnes et branches de chêne.

Ces deux pièces viennent de la capitale de l'Autriche, elles ont été envoyées à Strasbourg après la bataille d'Austerlitz.

Les quatre bouches à feu suivantes sont les quatre électeurs prussiens JOACHIM-FRÉDÉRIC, — JOACHIM Ier, JEAN, — et FRÉDÉRIC Ier. Ces pièces, ainsi que les quatre autres placées parallèlement à la demi-batterie de gauche, sont de véritables objets d'art, tant l'ornementation en est remarquable et le travail à la fois singulier et parfait.

Nous décrirons la première seulement, attendu que toutes se ressemblent, ne différant guère que par la figurine représentant l'électeur dont elle porte e nom.

Ce sont des pièces du calibre de 24, fondues à Berlin en 1708, d'une longueur de 5 mètres 45, d'un poids de 3,330 kilogrammes environ.

N° 5. L'Électeur Jean-Frédéric. — *Bouton de culasse :* Deux aigles couronnés, aux ailes déployées, se tenant, et placés verticalement.

A la culasse : Le nom du fondeur.

Au deuxième renfort : Un écusson surmonté d'une couronne avec 26 signes héraldiques et une inscription latine dont voici la traduction : *Frédéric, roi de Prusse, très-auguste, l'un des sept électeurs et le douzième de la famille des Burgraves de Nuremberg, a ordonné de fondre ces canons en airain, en même nombre et de poids égal.*

Au-dessous, deux aigles aux ailes déployées ; entre les ailes, une inscription latine dont voici la traduction : *Dédié à la mémoire de ses ancêtres,* surmontée d'une tête de lion.

Au premier renfort : Un cordon de médaillon entouré de feuillage, le tout gravé avec soin.

Les anses : Deux aigles pareils à ceux du bouton de culasse.

Volée : Un ruban de trois écussons couronnés, des trophées d'armes et de drapeaux, des figurines. Au-dessus, dans un médaillon, une inscription latine relatant les noms et titres de l'électeur auquel est dédiée la pièce.

Au-dessus de l'inscription, l'effigie de l'électeur. Il est armé de toutes pièces, et tient dans ses mains le sceptre et le glaive. Sur les épaules il a le manteau d'hermine, sur la tête la couronne.

Au-dessus de la figurine, un écusson avec signes héraldiques, ayant de chaque côté une figurine nue et une pièce de canon.

Une grande couronne est placée au-dessus de l'écusson, et au-dessous une croix avec une inscription latine dont voici la traduction : *Philippe-Guillaume, prince de Prusse, des Marches et de Brandebourg, grand-maître de l'artillerie.*

Près de l'astragale, un ruban de couronne entouré de feuilles de chêne.

Entre l'astragale et le bourrelet, des aigles couronnés aux ailes déployées, séparés par des guerriers.

N° 4 (second des électeurs), JOACHIM Ier.

N° 5 (troisième des électeurs), JEAN.

N° 6 (quatrième des électeurs), FRÉDÉRIC Ier (1).

N° 7. CANON HOLLANDAIS en bronze, du calibre de 24, du poids de 2,760, fondu en 1800 à La Haye, par Joh. Maritz, pris à la citadelle d'Anvers, le 23 décembre 1832. Ce canon n'est remarquable en rien. Il n'a d'autre gravure que quelques feuilles de chêne sur le deuxième renfort, entourant deux lettres.

N° 8. — OBUSIER RUSSE, long, d'un fort calibre,

---

(1) Les huit canons prussiens servent seuls pour les salves. Les dix autres bouches à feu de la *Batterie Triomphale* ne sont jamais utilisés pour ce service, vu la diversité des calibres.

provenant du siége de Sébastopol, du poids de 2785 kilog., d'une longueur de 2 m. 870 c. Cette bouche à feu n'a de remarquable que sa glorieuse provenance et les traces que les boulets français y ont laissées.

N° 9. — Mortier en bronze, algérien, de 12 pouces, pris à Alger en 1830, amené à l'Hôtel en 1852, du poids de 1,396 kilog., fondu par Abdalha; n'a de remarquable que quelques gravures arabes avec une inscription dans la même langue et dont voici la traduction : *Fondu par ordre de Mehemet-Pacha, à qui Dieu rend facile tout ce qu'il entreprend.*

La *demi-batterie triomphale de gauche* est composée ainsi qu'il suit :

N° 1. — COULEUVRINE WURTEMBERGEOISE, du plus admirable travail, du calibre de 12.

Il paraît que cette bouche à feu fut fondue à Vienne par la maison de Wurtemberg, à l'occasion d'une alliance qui n'eut pas lieu. Elle resta à Vienne, d'où elle fut amenée en France en 1805. Son poids est de 2,545 kilog., sa longueur de près de 4 mètres.

Boulon de culasse: Deux figurines, homme et femme, se tenant étroitement embrassées.

Culasse : Feuille d'acanthe.

Deuxième renfort : Huit pans coupés creux. Dans les cinq supérieurs sont placés: la statue d'un prince armé de toutes pièces et les quatre éléments, l'Eau, le Feu, l'Air, la Terre. Au-dessus, l'Espérance, la Justice, la Foi, la Prudence et la Force. Au-dessus de chaque figurine, un écusson surmonté d'une tête couronnée.

Premier renfort : Un écusson aux armes de Wurtemberg, au-dessus un casque surmonté d'une tête et de deux dauphins.

Sur l'un des côtés de l'écusson, un aigle aux pieds de lion ; sur l'autre, un lion avec des pattes d'aigle

Anses : Deux figurines pareilles à celles du bouton de culasse.

Volée : Ruban de feuilles d'acanthe, cannelée en hélice et entourée d'un serpent de grosseur naturelle ; au milieu, un médaillon entouré de têtes de chérubins et d'oiseaux ; au centre, une inscription effacée et illisible.

Près de l'astragale : Un ruban de feuilles d'acanthe.

Cette bouche à feu, la plus curieuse de celles qui se trouvent à l'Hôtel des Invalides, est un véritable objet d'art. Malheureusement on ne connaît ni le nom du fondeur, ni l'époque où elle fut fabriquée.

N° 2. — CANON VÉNITIEN, en bronze, du calibre de 55, fondu à Venise en 1708, en présence du roi alors régnant de Danemarck, du poids de 5,187 kilog. et d'une longueur de 5 m. 580.

Bouton de culasse : Feuilles d'acanthe gravées, ainsi que la culasse.

3

Deuxième renfort : Deux dauphins couronnés, entrelacés, se faisant face : Écusson supporté par une figurine de chérubin ; casque à panache et chérubin. De chaque côté de l'écusson, médaillons supportés par deux chérubins ; casque, et au centre de l'écusson, une inscription effacée.

Premier renfort : Écusson surmonté d'une couronne ; une renommée de chaque côté. Au centre, les armes de Danemark, au-dessous des armes une salamandre couronnée. Autour de l'écusson un ruban, autour du ruban le collier de l'ordre de l'Éléphant.

Tourillons : Feuilles d'acanthe.

Plate-bande de volée : Un ruban de feuillage.

Volée : Médaillon surmonté d'une tête de chérubin avec une inscription dont voici la traduction : *fondue et terminée en présence du roi de Danemarck et de Norvège, l'année du Sauveur 1708.* Au-dessus, un médaillon supporté par deux femmes, à l'intérieur du médaillon, le lion de Saint-Marc tenant le livre d'Or : au-dessus, d'un côté, un faisceau d'armes et de drapeaux, de l'autre, une branche de chêne.

Près de l'astragale : Un cordon de feuillage.

Entre l'astragale et le bourrelet : Dessins curieux.

N° 3 (cinquième des électeurs). — JEAN-SIGISMOND.

N° 4 (sixième des électeurs). — GEORGES-GUILLAUME.

N° 5 (septième des électeurs). — FRÉDÉRIC-GUILLAUME.

No 6 (huitième des électeurs). — FRÉDÉRIC Ier, ROI DE PRUSSE.

No 7. — CANON HOLLANDAIS, en bronze, du calibre de vingt-quatre, provenant de la citadelle d'Anvers, et ne différant du No 7 de la demi-batterie de droite que par un écusson aux armes néerlandaises qui se trouve sur le deuxième renfort, et par une inscription latine dont voici la traduction : *Veillez, ayez confiance en Dieu.*

No 8. — OBUSIER RUSSE long, pareil au numéro correspondant de la demi-batterie de droite.

No 9. — MORTIER ALGÉRIEN, en bronze, pareil au numéro correspondant de la demi-batterie de droite.

BATTERIE TROPHÉE.

A droite, sur chantier, non loin de la grille, huit canons ALGÉRIENS, tous à peu près pareils, calibre de vingt-quatre, d'un poids variant entre 5,500 et 6,000 kilogrammes, de 4,700 de longueur, provenant de la prise d'Alger. Ces canons, fondus à Alger, de 1775 à 1780, sous le règne du sultan Abdul-Hamid, sous le gouvernement du dey Ben-Osman, sont couverts d'inscriptions arabes et turques.

Sur la culasse de la plupart d'entre eux, on lit une inscription arabe dont voici la traduction : « Il a été fait sous le règne du sultan des sultans, du maître des rois de l'Orient et de l'Occident, du sultan Abdul-Hamid Khan, de la famille d'Osman, fils de Ahmed-Khan, à Djezaïr (Alger) l'orientale, la bien défendue; par ordre de celui que tous les doigts

désignent aux regards, Mehemet-Pacha, fils d'Osman, que le roi source de tous les bienfaits (Dieu) lui
accorde son aide, l'année (de l'hégire) 1191 (1778).»

Telle est l'inscription passablement prétentieuse et
en style tout oriental qui orne ces lourdes pièces de
canon. Quelques-unes sont remarquables par les
coups de boulet qui les ont détériorées, plutôt que
par les gravures originales mais assez médiocres qui
les décorent.

La neuvième pièce de cette *demi-batterie trophée
de droite* est un joli canon français du calibre de douze,
porté à l'Hôtel des Invalides en juillet 1855, et provenant de l'arsenal de Poros. Ce canon, nommé LE
THÉSÉE, ainsi qu'un autre pareil nommé LE SAN-
GLIER, placé à la *demi-batterie trophée de gauche*,
faisait partie de l'équipage de siége de l'armée
d'Égypte. Ils se trouvaient à la batterie de brèche de
Saint-Jean-d'Acre, où ils furent abandonnés par suite
de la retraite précipitée de l'armée française. Employés plus tard dans l'armement d'un des vaisseaux
de l'escadre égyptienne détruite à la bataille de Navarin, ils furent restitués par le gouvernement grec
à la France, lorsqu'une brigade de nos troupes dé-
barqua en 1854 au Pirée, se rendant en Orient.

Le Thésée pèse 1,080 ; sa longueur est de 2,65.

Bouton de culasse : Une salamandre, les nageoires
et les pattes étendues sur la culasse.

Plate-bande de culasse ; Le nom du fondeur, Bé-
renger.

Deuxième renfort : La lumière entourée de feuillages. Un médaillon aux armes de France, surmonté d'une couronne royale entourée de faisceaux d'armes et de drapeaux. Un soleil surmonté de la fameuse devise de Louis XIV : *Nec pluribus impar.*

Anses : Un dauphin.

Plate-bande de la volée : Un ruban de feuillages ; un écusson surmonté d'une couronne aux fleurs-de-lis, ayant au centre trois fleurs-de-lis. Autour de l'écusson, un collier de fleurs de lis terminé par une croix de Saint-Louis ; de chaque côté, des faisceaux d'armes et des drapeaux ; deux pièces de canon montés sur affûts à roues ; au-dessus cette inscription : « Louis-Charles de Bourbon, comte d'Eu, duc d'Aumale, avec cette devise : *Ultima ratio regum.*

Près de l'astragale, le nom de la pièce, Thésée.

La dixième pièce, placée en retour, est un canon cochinchinois d'un fort calibre, pris à Tourane en juin 1860, et offert aux Invalides par l'Empereur, auquel il avait été donné. Ce canon n'a d'ailleurs rien de remarquable.

La *demi-batterie trophée de gauche* est en tout pareille à celle de droite, et placée d'une façon analogue. Elle se compose de huit canons algériens semblables à ceux de la précédente demi-batterie, d'un canon *français* appelé le *Sanglier,* semblable au Thésée, ayant les mêmes formes, les mêmes proportions et la même origine, et d'un canon *chinois* du poids de 1,740 kilogrammes, pris à Canton

(Chine) en 1858. Sur le premier renfort on lit une inscription chinoise dont voici la traduction : « Fondu dans la province de Kiang-si, dans le 4ᵉ mois de la 21ᵉ année de l'empereur Fao Kouana (1816), par le concours de Lou-Thing-ki-Kiern, Thing-li-Yong-Thaï, Houng-Younnloun ou Minyans, de la compagnie des fondeurs de statues de Boudha, en cuivre, dans la province de Canton. »

Ce canon, comme le canon cochinchinois, est placé en retour.

II

OBJETS QUI SE TROUVENT A L'ÉGLISE SAINT-LOUIS. — DRAPEAUX, NOTICE HISTORIQUE. — DESCRIPTION. — TABLEAUX. — LUSTRES. — CAVEAUX DES GOUVERNEURS. — SPÉCIMEN DE LA STATUE DE NAPOLÉON 1ᵉʳ.

Notice historique sur les drapeaux. — Lorsqu'on pénètre dans l'église des vieux soldats, on est frappé tout d'abord par la vue des drapeaux cppendus aux voûtes, trophées glorieux dont nos victoires augmentent chaque jour le nombre. Plusieurs de ces trophées, aujourd'hui à l'hôtel des Invalides ou quelques autres renfermés dans quelques grands établissements de Paris, ont échappé comme par miracle aux révolutions et aux invasions.

Nous sommes parvenu, après bien des recherches, après avoir compulsé bien des documents, à nous rendre compte des phases diverses par lesquelles ils ont passé, à déterminer l'origine, la provenance de ces insignes militaires. Ceux qui ont été détruits, ceux qui existent encore et qui sont pour la plupart déposés dans l'asile consacré aux vieux soldats et aux vieux souvenirs, ont été l'objet d'une étude longue et minutieuse de notre part.

De nombreux visiteurs ne cessent de parcourir l'Hôtel élevé par la piété de nos rois aux guerriers mutilés de la France. Ce qui attire tout d'abord l'attention et fixe les regards, ce sont les drapeaux brisés par la mitraille et enlevés dans les jours de victoire aux armes étrangères par la valeur française: chacun cherche à se rendre compte de ce qui se rattache à la possession de ces trophées. Nous avons voulu qu'on pût connaître ce qui se rapporte à ces souvenirs de gloire. Pour atteindre ce but, nous avons puisé aux sources les plus authentiques.

L'usage d'orner les voûtes des églises avec les drapeaux et les étendards conquis sur l'ennemi, remonte si loin, que nous ne pourrions préciser l'époque où cet usage a été adopté. La basilique de Notre-Dame fut, dès le commencement du dix-septième siècle, en possession de recevoir les trophées de nos soldats; car l'histoire a consacré qu'en 1627, quarante-quatre drapeaux pris au siége de La

Rochelle y furent placés. Sont-ce les premiers qu'on y exposa à la vue des fidèles? C'est ce que nous ne pourrions dire. Quatre-vingt-neuf drapeaux, cornettes et guidons, enlevés aux Espagnols, furent, en 1655, disposés à droite de la galerie de la nef. En 1637, deux années plus tard, huit autres drapeaux vinrent augmenter ce nombre. Enfin, en 1638, on apporta encore quatre-vingt-huit drapeaux et quatre-vingt-onze cornettes de cavalerie enlevés aux Espagnols à la bataille de Brissach.

Ainsi donc, avant le grand roi, c'est-à-dire avant la fondation de l'Hôtel des Invalides, l'église métropolitaine de Paris recevait les trophées conquis dans les combats par les armées françaises.

Louis XIV maintint ce pieux usage, et sous son règne, pendant lequel la France s'agrandit de plusieurs conquêtes importantes en livrant de glorieuses batailles et en s'emparant de nombreuses villes fortes, beaucoup d'étendards, de pavillons, vinrent se joindre aux reliques des règnes précédents.

On a retrouvé, il y a quelques années, dans un ouvrage de l'époque, la nomenclature, la description et la provenance de trois cent quatre-vingt-dix de ces trophées conquis sous Louis XIV par les armées de terre et de mer; mais un plus grand nombre dut orner les tours Notre-Dame, puisque parmi eux nous ne voyons pas figurer ceux enlevés par les troupes de Turenne et par quelques-uns des grands hommes de guerre du dix-septième siècle.

Les soldats de Louis XV augmentèrent la précieuse collection de Notre-Dame de cent soixante-huit trophées pris aux batailles de Guastalla, de Fontenoy, au siége de Bruxelles.

Une particularité curieuse se rattache à ce siége de Bruxelles. Le maréchal de Saxe, en pénétrant dans l'arsenal de cette ville, le 21 février 1746, y trouva un drapeau, deux étendards et une trompette, le tout aux armes de François Ier. Ces trophées avaient été pris par les impériaux à la bataille de Pavie, le 25 février 1525. Ces objets précieux, ainsi que seize drapeaux, un étendard et deux timbales conquis par nos soldats aux batailles de Rocoux (11 octobre 1746) et de Lansfeld (2 juillet 1747), furent longtemps déposés aux archives de l'Hôtel des Invalides.

L'envoi des drapeaux ennemis à Notre-Dame, plus tard à l'Hôtel des Invalides, était habituellement précédé d'une cérémonie importante : moitié guerrière, moitié religieuse.

Avant la révolution, on faisait porter autour de la cour du Louvre et en présence du roi, les trophées conquis. On les remettait ensuite aux mains des cent-suisses, des archers de Paris et des invalides, qui avaient le privilége de les déposer dans l'église métropolitaine, où ils arrivaient escortés des troupes et de la maison du roi. Le clergé bénissait ces témoins de la valeur française, qui allaient ensuite grossir les trésors accumulés aux balcons de la galerie de la cathédrale (1).

Louis XVI fournit également son contingent à Notre-Dame de Paris. Sous son règne, l'église reçut une assez grande quantité (nous ne pouvons en préciser le nombre) de drapeaux et de pavillons enlevés aux siéges de Boston et de Québec, au combat de Lexington, aux Antilles et dans l'Inde, de 1777 à 1783.

La révolution ayant éclaté et les églises ayant été fermées, le gouvernement se trouva fort embarrassé des trophées conquis par les armées royales. Les laisser aux voûtes de Notre-Dame n'était plus possible, si on ne voulait pas priver le public de la vue glorieuse de ces vieux drapeaux. On se décida à les envoyer aux Invalides et à les confier aux soldats mutilés de la France ; puis, comme à l'Hôtel même il fallait bien les déposer en un local quelconque, on les suspendit aux voûtes de l'église, non à cause de la

(1) Nous avons trouvé, dans les archives de Notre-Dame, un manuscrit sauvé par miracle du pillage de l'archevêché, et qui contient un procès-verbal de réception des drapeaux pris en 1779 par la marine française à l'attaque des îles Maurice, la Dominique et la Grenade. Quarante cent-suisses de la maison du Roi, avec leurs officiers et leurs exempts, marchant par deux au son du tambour, des fifres et des haut-bois de la musique royale, viennent d'abord déposer les trophées conquis sur les marches du maître-autel. L'archevêque, prévenu, débouche de la sacristie avec le clergé, et bénit les drapeaux qui sont alors remis de nouveau aux mains des cent-suisses. Ces derniers ayant également reçu la bénédiction archiépiscopale, les précieux étendards qu'ils ont été chargé d'offrir à l'église métropolitaine sont suspendus dans les croisées de la nef.

sainteté du lieu, mais parce qu'enfin on ne pouvait guère les mettre autre part.

C'est ainsi qu'en 1793 l'église Saint-Louis aux Invalides hérita, en quelque sorte, de la métropole. Notre-Dame, cependant, ainsi qu'on le verra plus loin, reçut encore, sous le premier empire, des drapeaux conquis.

Nous avons en vain tenté les recherches les plus scrupuleuses pour connaître le jour où se fit la translation aux Invalides des trophées jusqu'alors placés à Notre-Dame ; nous n'avons rien pu découvrir. Il est probable que ces trophées, qui déjà avaient atteint un nombre considérable, furent déposés à *l'Hôtel de Mars* (l'Hôtel des Invalides reçut ce titre), sans le moindre cérémonial.

Nous avons trouvé seulement une lettre du général *Schérer*, ministre de la guerre en l'an VI de la république (1798), accordant à la *maison* nationale des Invalides, comme on appelait alors cet établissement, quarante drapeaux pour rappeler, *au sein même du repos, à ces braves militaires, les souvenirs de leurs travaux glorieux* ; tels sont les termes de la lettre.

Ce qui prouverait du reste que déjà depuis quelques années l'hôtel des Invalides était en possession des trophées conquis par nos soldats, c'est qu'en nivôse de l'an II (1794) le ministre de la guerre fit déposer avec un certain apparat, au dôme, les étendards de plusieurs régiments de cavalerie, dont les escadrons avaient été fondus dans d'autres corps. Aujourd'hui c'est le Musée d'artillerie qui reçoit les drapeaux et étendards des régiments supprimés.

Après Jemmapes et Valmy, de 1793 à la fin de 1813, beaucoup de drapeaux, étendards, pavillons, conquis sur toutes les puissances de l'Europe avec lesquelles nous ne cessâmes d'être en guerre, continuèrent à être envoyés aux Invalides. Bien que cette époque soit assez rapprochée de nous, bien qu'il existe encore bon nombre de vieux militaires ayant assisté aux cérémonies auxquelles ces remises de trophées donnaient lieu, nous ne pouvons fournir un état exact des trophées qui ont successivement augmenté le nombre de ceux dus à la valeur des soldats de Louis XIV, de Louis XV et de Louis XVI. L'histoire nous a conservé cependant la relation d'une cérémonie qui eut lieu à l'occasion du dépôt fait à l'Hôtel, de l'épée et des insignes du grand Frédéric, ainsi que de deux cent quarante drapeaux ou étendards pris dans la campagne de 1806.

Ce fut le 17 mai 1807, alors que Napoléon était encore en Pologne à la tête de ses armées victorieuses, alors que son plus jeune frère, Jérôme, s'emparait des places de la Silésie, que sur les ordres formels du grand Empereur le prince archi-chancelier de l'empire, Cambacérès, accompagné du prince archi-trésorier Lebrun, des ministres, des maréchaux, des grands officiers de la couronne et de la Légion d'honneur, se rendit en grande pompe à l'hôtel des Invalides, faisant porter devant lui, par le maréchal Moncey, l'épée et les décorations du roi de Prusse et les 280 drapeaux. Ces précieux trophées furent solennellement remis au vieux maréchal Scrurier, gouverneur de l'Hôtel, comme un don fait aux Invalides, ou plutôt comme un *dépôt devant rester dans cet établissement jusqu'au jour où le monument à élever en l'honneur des armées, en vertu du décret du 2 décembre* 1806, serait achevé.

Ainsi, dans la pensée de l'Empereur, les drapeaux et trophées devaient, par la suite, quitter l'hôtel des Invalides pour être placés dans un lieu spécialement consacré à la gloire de toutes les armées françaises, panthéon guerrier qui, détourné de sa destination première, devint l'église de la Madeleine.

Les 280 drapeaux formaient huit faisceaux, qui prirent place sous les voûtes de l'église.

Cette grande cérémonie avait eu lieu en présence de la population de Paris, attirée sur le passage du cortége et faisant retentir l'air de ses cris d'enthousiasme. Tous les invalides étaient sous les armes. Un chant triomphal, un discours de M. de Fontanes, président du Corps législatif, ouvrirent la cérémonie, qui fut terminée par quelques nobles paroles du maréchal gouverneur, lors de la remise des insignes et des drapeaux, et par le serment des invalides de défendre les précieux trophées.

Ainsi que nous l'avons dit, depuis le commencement de la révolution française, Saint-Louis des Invalides avait hérité de Notre-Dame. Aux voûtes

de Mansart était dévolu le droit glorieux de conserver les irrécusables preuves de la valeur française.

Le nombre des drapeaux (et sous le nom de drapeaux, nous entendons tous les trophées conquis
dans les combats), s'était accru au point d'atteindre
le chiffre énorme de seize à dix-huit cents.

Malheureusement, on n'avait, eu en aucun temps,
le soin de rattacher à la prise de ces trophées le souvenir des actions glorieuses à la suite desquelles ils
étaient tombés aux mains de nos braves soldats. On
n'avait pas même songé à conserver les noms de ces
soldats héroïques, pas même ceux des régiments par
lesquels ils avaient été enlevés.

Ces drapeaux, ces trophées, étaient bien là pour
témoigner de la vertu guerrière de nos troupes à
toutes les époques de l'existence militaire de la nation française, mais sans offrir l'attrait d'un souvenir
plus direct. Si cela eût été fait, aujourd'hui que
beaucoup de ces drapeaux ont disparu, détruits en
1814, comme nous allons le dire, à la suite d'une
action peu réfléchie, la France aurait au moins
conservé les noms de ceux qui les avaient conquis, la
plupart au prix de leur sang, beaucoup au prix de
leur existence. En 1814, dix-huit cents drapeaux
appendus aux voûtes de l'église Saint-Louis, ombra-
geaient donc de leurs plis mutilés les vieux guerriers
de la France, lorsqu'ils venaient s'agenouiller aux
pieds des autels, et invoquer le Dieu des combats.

A la fin de mars de cette même année, bien que les

canons des Invalides fussent encore chauds des salves tirées pour célébrer les victoires de Montmirail et de Champaubert, on apprit avec douleur, à l'Hôtel, que l'ennemi s'approchait de la capitale. En vain les soixante et quelques mille héroïques soldats de l'Empereur luttaient contre les six cent mille étrangers coalisés contre celui qu'ils n'avaient pu vaincre. Un contre dix, la partie était trop inégale, et bientôt il fallut se décider à voir les Autrichiens, les Prussiens et les Russes dans les murs de Paris.

Les invalides encore en état de porter un fusil ou de servir une pièce de canon, étant allés se mettre volontairement à la disposition du maréchal Moncey pour défendre la capitale de la France, il ne restait à l'hôtel, le 30 mars 1814, que les hommes tout à fait impotents. Ces braves gens voulaient néanmoins mourir en défendant les trophées, ainsi qu'ils en avaient fait le serment; mais le gouverneur pensa que mourir en *défendant* ces reliques précieuses, ce n'était pas les *sauver*. Les alliés allaient entrer dans Paris. On avait attendu bien tard pour dérober les drapeaux au juste désir que les armées étrangères devaient avoir de rentrer en leur possession. Cependant les routes étaient libres du côté de la Loire. Le maréchal Serurier, sans songer qu'il était facile encore de conserver à sa patrie de pareils trésors de gloire, prit, dans la soirée du 30 mars, une détermination plus héroïque que réfléchie. Il résolut de livrer aux flammes toutes ces reliques précieuses, inappré-

c.ables, confiées à sa garde, y compris même l'épée
et les insignes du grand Frédéric, qu'il était possible
de dérober à la vue des alliés. Malheureusement il
exécuta son funeste projet. Un bûcher fut allumé
dans la cour d'honneur de l'hôtel ; les invalides l'at-
tisèrent eux-mêmes, et tous ces muets témoins de la
valeur de nos armées, accumulés depuis trois siècles
soit à Notre-Dame, soit à l'église Saint-Louis, disparurent dans les flammes.

La conduite du gouverneur des Invalides est d'autant plus incompréhensible et d'autant plus à regret-
ter dans cette circonstance, que le 30 mars, le ministre de la guerre, duc de Feltre, quelques heures
avant la destruction des drapeaux, lui écrivait : « Je
ne doute pas que Votre Excellence n'ait déjà pris des
mesures conservatrices des objets précieux qui sont
à l'Hôtel, et surtout de l'épée de Frédéric et des drapeaux conquis. Ces derniers, s'il était possible de les
mettre en sûreté dans l'état où ils sont, devraient être
détachés de leurs lances pour être plus facilement
emportés. Je ne puis, au surplus, que m'en rapporter
au zèle et à l'expérience de Votre Excellence pour
conserver l'établissement dont Sa Majesté lui a confié
le commandement. »

Disons tout ; au mois de février 1814, les bureaux
de la guerre, lorsque les alliés s'approchèrent une
première fois de Paris, justement émus en songeant
aux trophées des Invalides, avaient appelé sur cet
important objet la sollicitude du ministre, le priant de

faire connaître s'il fallait donner des ordres pour leur conservation et charger le maréchal gouverneur de les faire emballer, de façon à ce qu'ils fussent prêts à être mis en lieu sûr. Le duc de Feltre s'était borné à écrire en marge de cette lettre : *Attendre les ordres de l'Empereur.* Attendre les ordres de l'Empereur alors occupé à défendre la France ! Ne pas oser prendre sur soi de donner des instructions dans une circonstance pareille!... N'est-ce pas le cas de répéter avec les sectateurs du Prophète : *C'était écrit.*

En 1830, après la révolution de Juillet, il se produisit un fait assez singulier. Un monsieur Petitbon adressa au gouverneur des Invalides, le maréchal Jourdan, puis au roi lui-même, une déclaration dans laquelle il insinuait que les drapeaux n'avaient pas été brûlés en 1814, qu'ils avaient été sauvés par son fils. Le maréchal s'empressa de faire faire une enquête des plus sérieuses ; cette enquête détruisit totalement les espérances que la démarche de M. Petitbon avait pu faire un instant concevoir. Il se trouvait à l'hôtel des vieux soldats, plusieurs officiers ayant assisté à la destruction des trophées, ils signèrent la pièce qu'on va lire :

« Le colonel-major de l'hôtel (baron Cazaux), les adjudants-major et l'architecte (Bartholomé) attestent : que les drapeaux et autres trophées de gloire étrangers, qui existaient audit hôtel antérieurement au mois d'avril 1814, au nombre de quinze ou seize cents (1), et qui en ornaient l'église, ont été détruits en leur présence, entièrement et sans en excepter un seul, le 30 mars 1814, dans l'hôtel même, où ils ont été brûlés au milieu de la cour royale, vers les neuf heures du soir, la veille de l'entrée des troupes alliées dans Paris; et en présence aussi d'un grand nombre de militaires invalides qui paraissaient profondément affectés de ce triste et lugubre spectacle; et que le lendemain 31 mars, un peu avant le jour, les cendres et les débris provenant de l'incendie de ces drapeaux furent transportés dans une voiture hors de l'Hôtel et jetés dans la Seine; de sorte que ces trophées disparurent ainsi de l'établissement sans y laisser aucun vestige. »

Après une déclaration pareille, le doute n'était plus permis; d'ailleurs plus d'un invalide, témoin de la fatale destruction du 30 mars, habitait encore l'Hôtel.

Ce volontaire et navrant auto-da-fé anéantit les seize ou dix-huit cents drapeaux conquis sur toutes les puissances du monde.

Les résidus furent jetés dans la Seine, à l'endroit où l'égout de l'Hôtel vient se dégorger dans le fleuve.

Il ne resta plus de tous les trophées que des vestiges informes, des fers de lance tordus, des sabots calcinés. Ces tristes scories n'avaient cependant pas été entièrement perdus de vue.

(1) Nous avons trouvé sur plusieurs documents 18 cents.

Un ingénieur hydraulique, M. Gailard, et M. Baudoin, aujourd'hui à la tête du *Moniteur de l'armée*, tentèrent de les retirer de l'eau.

Ayant eu connaissance de l'acte du maréchal Serurier, ils se concertèrent pour opérer le sauvetage ; mais les circonstances fâcheuses dans lesquelles on se trouvait alors leur ayant fait craindre de se compromettre, ils remirent l'exécution de leur projet. En juin 1815, pensant qu'on avait oublié l'épisode du 50 mars, et ayant été avertis par un ouvrier que des fers de lance se trouvaient dans la Seine, vis-à-vis les Invalides, ils se mirent à l'œuvre. Ils parvinrent à retirer de l'eau cent soixante-huit insignes en cuivre paraissant avoir appartenu à un pareil nombre de drapeaux, et quinze ornements dont nous donnons ici la désignation :

43 insignes de drapeaux autrichiens, modernes.

1 insigne de drapeaux anglais.

50 insignes de drapeaux prussiens et autrichiens anciens, avec le monogramme F. N. L. et la couronne impériale.

4 insignes de drapeaux espagnols avec la fleur-de-lis.

2 insignes de drapeaux inconnus avec la croix.

4 insignes de drapeaux russes modernes.

9 insignes de drapeaux prussiens modernes.

2 insignes de drapeaux turcs.

5 insignes de drapeaux autrichiens anciens, avec la couronne impériale.

46 insignes de drapeaux inconnus, ou guidons de cavalerie.

10 insignes de drapeaux inconnus.

15 ornements divers en bronze (1).

MM. Baudoin et Gailard, encore assez peu rassurés sur les suites de cette affaire, si elle venait à être connue, cachèrent ces précieux restes de tant de trophées glorieux, et gardèrent longtemps sur tout cela un profond secret.

A l'avénement de Charles X, il n'y avait plus à avoir les mêmes craintes. M. Baudoin confia à M. Abel Hugo, fils du général de ce nom, l'histoire du sauvetage. M. Hugo l'engagea à faire connaître au roi ce qui s'était passé.

Le vicomte de Larochefoucauld, aide de camp de Sa Majesté, reçut la confidence du dépôt précieux, voulut bien se charger de faire connaître au roi ce qui avait eu lieu, et prit l'engagement de remettre c scories glorieuses à MM. Baudoin, Gailard et Hugo, s'il n'obtenait pour eux la décoration de la Légion d'honneur.

Une commission fut nommée pour procéder à la vérification des objets retrouvés et constater la déclaration faite à M. de la Rochefoucauld.

Cette commission composée : du général marquis

(1) Quelques-uns des fers de lance retirés de l'eau et pouvant encore être utilisés, ont été depuis placés aux hampes des drapeaux de la campagne de 1805, conservés à la Chambre des pairs et donnés aux Invalides lors de la translation des cendres de l'Empereur, drapeaux qui feront l'objet d'un article qu'on trouvera plus loin.

de Latour-Maubourg, pair de France, gouverneur des Invalides ; du lieutenant-général vicomte Digeon , pair de France, commandant la 2ᵉ division de cavalerie de la garde royale ; du lieutenant-général comte Partouneaux, commandant la 1ʳᵉ division d'infanterie de la même garde, et de M. de la Rochefoucauld, fit comparaître MM. Baudoin, Gailard et Abel Hugo, le 27 décembre 1825.

La commission, après avoir *scrupuleusement* (dit le procès-verbal) examiné les objets sauvés, déclara unanimement qu'ils provenaient bien des drapeaux étrangers brûlés le 30 mars 1814 aux Invalides, et que les insignes de l'un d'eux étaient ceux du drapeau offert par l'impératrice à la jeunesse de Vienne.

Ordre fut donné par le roi de déposer ces reliques glorieuses à l'hôtel des Invalides, où ils sont encore aujourd'hui, à la salle du conseil, dans une caisse fermée. MM. Baudoin, Gailard et Abel Hugo reçurent la croix de la Légion d'honneur, sur les instances de M. de Larochefoucauld, qui se trouvait engagé, et malgré l'opposition du ministère de la guerre.

C'est le 30 mars 1829 que le dépôt de ces objets fut fait à l'Hôtel, en présence du conseil d'administration réuni.

En 1830, le maréchal Jourdan ayant été nommé gouverneur des Invalides, voulut se rendre compte de l'affaire de MM. Baudoin et Gailard. Il demanda au conservateur des trophées, alors M. Jacques, un rapport circonstancié. M. Jacques, officier supérieur

d'artillerie en retraite, homme de mérite, de beaucoup d'esprit et d'instruction, mais peu partisan
de l'action de MM. Baudoin et Gailard, et ne voyant,
à tort, dans ce qu'avaient tenté ces Messieurs, qu'un
moyen d'obtenir une récompense, rédigea son rapport dans ce sens, rapport à la fin duquel on trouve
l'indication d'une bonne mesure, celle de solliciter du
ministre de la guerre, à l'avenir, une notice historique sur tous les trophées envoyés à l'Hôtel, de façon
à ce qu'on puisse enfin connaître et conserver les
noms de ceux qui les ont conquis.

Le maréchal Jourdan répondit au commandant
Jacques, le 2 juin 1831 : « Monsieur, j'ai lu avec
attention le rapport que vous m'avez adressé sur les
trophées, et en particulier sur les débris de cent
quatre-vingt-trois drapeaux.

« Ce rapport est une critique de tout ce qui a été
fait au sujet des trophées qui se trouvaient aux Invalides, en 1814, et au sujet des débris des cent quatre-
vingt-trois drapeaux qui y ont été rapportés par ordre
du ministre de la guerre. Je n'ai pas à examiner si
cette critique est fondée ; car, quand même elle le
serait, il ne serait plus en mon pouvoir de réparer
le mal qui aurait été fait. Je n'ai donc qu'à m'occuper
des débris des drapeaux que vous proposez de regar-
der comme vieux cuivre ou fer, et de les déposer dans
le magasin des menus attirails d'artillerie, attendu,
dites-vous, qu'ils n'ont plus ni valeur ni importance.
Bien loin de partager votre opinion, j'attache un

grand prix à ces précieux restés, qui attestent que les drapeaux dont ils faisaient partie ont été en notre pouvoir, et j'ai décidé que la caisse dans laquelle ils sont renfermés resterait dans la salle du conseil. Votre rapport sera déposé aux archives pour y avoir recours au besoin.

« Quant à la proposition de décider qu'à l'avenir il sera demandé de la manière la plus explicite les détails circonstanciés et les documents concernant les trophées militaires qui seront envoyés à l'Hôtel, il est probable que le ministre me répondrait que c'est au dépôt de la guerre que doivent être remis ces détails et ces documents, et que le gouverneur de l'Hôtel n'a qu'à veiller à la conservation des trophées qui lui sont envoyés. Au reste, quand l'occasion s'en présentera, on pourra examiner cette proposition. »

Ainsi qu'on vient de le voir, le vieux maréchal n'approuva ni le rapport, ni ses conclusions, ce qui était fâcheux, car on ne provoqua pas la mesure sollicitée par le commandant Jacques, et les drapeaux continuèrent à être déposés aux Invalides, *sans notice historique*.

Les voûtes de l'église Saint-Louis, par suite de l'action inconsidérée du maréchal gouverneur de 1814, se trouvèrent donc veuves de leurs nombreux et glorieux trophées. La jeune armée, succédant aux vieilles troupes du grand Napoléon, était appelée à reconstituer cette décoration à nulle autre pareille, qui ombrage de nouveau aujourd'hui les fidèles dans la chapelle des vieux soldats.

Tous les drapeaux conquis sous le premier Empire ne furent cependant pas détruits; car outre ceux de la campagne de 1805, dont nous avons déjà dit un mot, *cent dix* autres pris de 1808 à 1813 sur les Espagnols, les Portugais et les Anglais, purent encore être sauvés en 1814.

Les premiers trophées déposés à l'Hôtel des Invalides, après nos grandes guerres de l'Empire, sont trois drapeaux provenant du château de Morée. On les transporta, le 29 mars 1829, en même temps que la caisse contenant les restes de ceux brûlés en 1814. Un simple procès-verbal constata le fait.

Le sauvetage des scories des vieux drapeaux eut, comme le dit le maréchal Jourdan, l'avantage de laisser une preuve que les drapeaux brûlés avaient existé à l'Hôtel et, en outre, on se souvint qu'il y avait un monument consacré en quelque sorte au dépôt des trophées conquis dans les combats.

A partir de ce jour, en effet, la précieuse collection si malheureusement détruite par le maréchal Serurier, commença à se reconstituer, et l'on revint à la pensée que l'Hôtel des vieux soldats devait être le temple destiné à recevoir les reliques militaires.

Les drapeaux de Morée furent les seuls que la Restauration envoya aux Invalides; mais à partir de 1830, l'usage rétabli par Charles X fut scrupuleusement maintenu et les trophées ne tardèrent pas à garnir les voûtes de l'église Saint-Louis.

Le 16 septembre 1830, Louis-Philipe, qui se trouvait héritier des nouvelles conquêtes en Afrique de notre jeune armée, fit remettre à l'Hôtel soixante et onze drapeaux et cinq autres insignes enlevés par les soldats de Bourmont. Ces soixante et onze drapeaux de divers couleurs et dimensions, dont huit queues de cheval, avaient été pris sur le dey d'Alger.

Cette fois, le maréchal Jourdan, gouverneur de l'Hôtel, voulut que la réception de ces trophées eût lieu avec pompe. A midi, le vieux général de la République et de l'Empire vint en personne, entouré de son état-major, se placer sur le péristyle de l'église. Le général Fabvier, commandant la place de Paris, le colonel marquis de Bartillat, représentant l'armée d'Afrique, accompagnés l'un et l'autre d'un nombreux état-major, d'un détachement de troupes de la garnison et d'une escorte d'honneur d'invalides commandés par le colonel baron Cazaux, major de l'Hôtel, présentèrent au gouverneur les drapeaux.

« Monsieur le général, s'écria d'une voix forte le « maréchal, cent victoires remportées dans le cours « de vingt campagnes avaient aggloméré dans cette « enceinte quinze cents drapeaux pris aux ennemis. « A cette longue carrière de gloire ont succédé « quelques journées malheureuses. Les trophées ont « disparu.

« Ceux nouvellement conquis par l'armée d'Afri-
« que les remplaceront aux voûtes de ce temple. Ils
« sont d'un heureux présage. Ils attestent que la
« valeur française n'a pas dégénéré, que notre nou-
« velle armée est animée du feu sacré et de l'amour
« de la patrie, et que, marchant sur les traces de
« nos vieilles phalanges, elle saura faire respecter
« nos libertés et notre indépendance et repousser au
« loin l'ennemi imprudent qui tenterait d'envahir le
« territoire français. »

Au lieu de déposer à la salle du conseil, comme
on l'avait fait, dans le principe, pour les drapeaux de
Morée, ceux conquis en Afrique, on les plaça immédiatement tous à la voûte de l'église, ainsi que cela
avait eu lieu avant 1814.

Une décision royale vint quelques jours plus tard
(16 octobre 1830), remettre en vigueur ce principe : *que l'Hôtel des Invalides est l'établissement
public spécial destiné à recevoir et conserver les
trophées militaires conquis par les armées françaises.*

Ainsi la pieuse fondation de Louis XIV était déci-
dément rentrée en possession d'un droit dont elle
avait été en quelque sorte privée, depuis l'événement du 30 mars 1814.

A compter de cette époque, les trophées se succé-
dèrent rapidement à l'Hôtel des Invalides, et bientôt
les voûtes de l'église n'eurent plus assez de place
pour recevoir ces précieux dépôts.

Avec les drapeaux de Morée et ceux de la prise d'Alger, on avait déjà constitué un ensemble considérable. Le 20 juillet 1831, le nombre des glorieux insignes, à l'Hôtel, était doublé par l'envoi de cent dix trophées, dont soixante-quatorze espagnols, trente-deux portugais et quatre anglais, provenant des campagnes de la Péninsule, de 1808 à 1813.

Ces drapeaux furent envoyés du Musée d'artillerie à l'Hôtel, par ordre du maréchal Soult, alors ministre de la guerre. La lettre du maréchal au gouverneur porte : « Que déjà ils avaient été déposés comme *trophées* aux Invalides, et qu'il avait paru convenable de les restituer à cet établissement, dont ils avaient été *retirés lors des événements de* 1814 *et* 1815. » C'est là une erreur, à notre avis.

Ces cent dix drapeaux n'avaient-ils été envoyés aux Invalides qu'après les événements de 1814 et lors de la première Restauration ? Avaient-ils été retirés de l'Hôtel après Waterloo, à la fin des Cent-Jours ? C'est ce que nous n'avons pas pu éclaircir d'une manière positive, avec preuves à l'appui. Toutefois, nous restons convaincus que ces trophées placés, pendant le premier Empire, au Musée d'artillerie, n'en sont sortis qu'en 1831, pour venir aux Invalides. La lettre du colonel, secrétaire du comité d'artillerie, en annonçant l'envoi au maréchal Jourdan, dit seulement :

« *Lorsqu'en* 1827 *ces drapeaux furent déposés au*

Musée d'artillerie; ils étaient tous pourvus de leurs hampes, mais dans les journées de Juillet, le peuple ayant pénétré dans les galeries du musée, un grand nombre de ces hampes furent emportées pour servir de lances ; c'est ce qui explique l'état dans lequel se trouvent plusieurs drapeaux qui n'en avaient pas moins été conservés avec tout le soin possible. »

Quarante de ces drapeaux (espagnols), 12 (portugais), 2 (anglais) n'avaient plus de hampes.

Ces trophées ne furent pas reçus aux Invalides avec apparat comme ceux d'Alger. Le maréchal Jourdan n'assista pas à leur remise ; le général Dalesmes, commandant l'Hôtel, se borna à les faire apporter dans la salle du conseil de l'Hôtel par un garde du génie. Procès-verbal fut dressé et les nouveaux insignes furent placés dans l'église (1).

A la fin de juillet 1831, l'Hôtel possédait donc déjà cent quatre-vingt-sept trophées.

Le 19 décembre de l'année suivante, quatre autres drapeaux provenant de nos victoires en Afrique furent envoyés au maréchal Jourdan par le maréchal Soult, dans la lettre duquel on lit : « *Vous les réunirez aux trophées déposés dans l'Hôtel des Invalides, dont l'emplacement ne peut être mieux choisi et dont*

(1) Il y a tout lieu de croire que ces trophées, envoyés directement sous l'Empire au musée d'artillerie, y sont restés cachés depuis 1814 jusqu'en 1827, qu'à cette époque on les disposa en trophées pour orner les belles salles de cet établissement, et qu'en 1831, lorsqu'on résolut de faire des Invalides le lieu de dépôt des drapeaux conquis, on se décida à les enlever au musée pour les envoyer à l'Hôtel.

la garde ne saurait être confiée en de plus dignes mains. » L'un de ces drapeaux était l'*étendard* de la ville de Médéah.

Le 10 janvier 1853, le roi Louis-Philippe fit porter directement à l'Hôtel le drapeau de la garnison de la citadelle d'Anvers; le général Fririon, commandant l'Hôtel, le reçut et le fit placer dans l'église.

Le 18 août 1836, un officier d'ordonnance du ministre de la guerre fut chargé de remettre au gouverneur intérimaire des Invalides, alors général Fririon, sept drapeaux pris au combat de la Sickack sur Abd-el-Kader, plus, trois lambeaux d'étoffes sans hampes, qu'on ne put suspendre aux voûtes de l'église et qu'on se décida à rouler et à conserver aux Archives.

Le général gouverneur, voulant donner une certaine pompe au placement de ces drapeaux conquis par les troupes du général Bugeaud, se rendit solennellement à l'église avec tout son état-major, le 22 août. Le clergé entonna le psaume *Exaudiat,* puis le *Domine salvum,* et on installa les trophées à la suite de ceux provenant de la prise d'Alger.

Le 20 janvier 1839, le roi fit porter par un de ses aides de camp, le général Berthois, au brave maréchal Moncey, alors gouverneur de l'Hôtel, une flamme de drapeau, trophée du glorieux fait d'armes du combat de la marine française devant Saint-Jean-d'Ulloa. Cette flamme sans hampe fut immédiatement placée à la voûte de l'église.

Le 22 janvier 1839, deux jours après l'envoi de la Vera-Cruz, un drapeau autrichien, *un des cinquante de la bataille d'Austerlitz*, fut remis au gouverneur des Invalides.

Avant de pousser plus loin cette notice, faisons connaître ce que nous avons pu découvrir sur les drapeaux conquis sous la Révolution et sous l'Empire.

Les drapeaux pris par les armées du Rhin, du Nord, de Sambre et Meuse, envoyés dans les premières années de la Révolution à Paris, déposés aux Invalides, alors l'*Hôtel de Mars*, y restèrent avec les nombreux trophées des règnes de nos anciens rois, jusqu'au fatal 30 mars 1814.

En 1796, pendant la campagne d'Italie, des trophées en très-grand nombre furent portés au Directoire à plusieurs reprises, par les aides de camp du général Bonaparte : cela résulte de la correspondance officielle de cette époque. Ces drapeaux, comme les précédents, vinrent orner l'église des Invalides.

Il en fut de même de la plupart des étendards et des queues de cheval enlevés pendant la campagne d'Égypte, des glorieux insignes provenant de Marengo et de la guerre de 1800 en Italie.

Mais en 1805, Napoléon crut devoir faire une répartition des trophées enlevés par la Grande-Armée, pendant la marche rapide et victorieuse de Boulogne à Austerlitz. L'Hôtel des Invalides ne paraît pas avoir été compris dans cette glorieuse distribution. L'Empereur, sans doute, le trouvait assez riche déjà en souvenirs de ce genre, pour pouvoir doter à son détriment le Tribunat, le Sénat, l'Hôtel-de-Ville de Paris, et enfin Notre-Dame. D'ailleurs, il avait pour les trophées militaires conquis, ainsi que nous l'avons dit plus haut, une grande idée qui n'a pu être réalisée.

Par diverses lettres écrites du champ de bataille ou de son quartier-général, Napoléon fit connaître qu'il donnait :

1° Au Tribunat huit drapeaux autrichiens pris par ses armées dans les premières opérations;

2° A l'Hôtel-de-Ville de *Paris* huit autres drapeaux enlevés par la cavalerie de Murat, alors gouverneur de Paris, au combat de Werlingen sur les grenadiers autrichiens ;

3° Au Sénat quarante drapeaux autrichiens et russes, enlevés *avant* Austerlitz;

4° A Notre-Dame, cinquante drapeaux autrichiens et russes, conquis à la bataille d'*Austerlitz* même.

Une partie de ces trophées fut confiée à la Commission des douze membres du Tribunat. Lorsque cette Commission, envoyée en 1805 au quartier-général de Napoléon, revint en France par Munich, elle eut de l'Empereur la mission de les prendre dans le palais de l'Electeur de Bavière et de les remettre avec apparat au Sénat et à l'Hôtel-de-Ville.

Les cinquante drapeaux d'Austerlitz, portés également avec pompe à Notre-Dame, furent reçus par le clergé métropolitain ayant à sa tête l'archevêque de Paris, cardinal du Belloy, et déposés dans l'église.

L'année suivante, ce fut le tour des Invalides. L'épée, les insignes du grand Frédéric et deux cent quatre-vingts drapeaux prussiens et russes, enlevés à la campagne de Prusse et dans les premiers combats de la campagne de Pologne, vinrent orner les voûtes déjà si riches de l'Hôtel.

Le Corps législatif, à son tour, reçut à trois reprises différentes des drapeaux conquis :

Le 11 mai 1806, dix-sept drapeaux et un étendard provenant d'Austerlitz et de la conquête du royaume de Naples par l'armée du roi Joseph ; le 22 novembre 1808, douze drapeaux pris au combat de Burgos sur l'armée d'Estramadure et parmi lesquels se trouvaient ceux des gardes wallonnes et espagnoles ; le 22 janvier 1810, quatre-vingts drapeaux et étendards pris par l'armée française aux combats d'Espinosa, de Burgos, de Tudela, de Sommo-Sierra et à Madrid, apportés à l'Assemblée législative par le comte de Ségur.

Nous allons faire connaître maintenant ce que sont devenus tous ses trophées.

1° Ainsi que nous l'avons dit, tous ceux qui, avant la révolution, avaient orné Notre-Dame, transportés en 1792 aux Invalides, y compris ceux des premières années de la Révolution et du Consulat, les deux cent quatre-vingts de la campagne de

1806 à 1807 et peut-être d'autres des guerres suivantes jusqu'à la première abdication de Napoléon, et qui, au nombre de seize à dix-huit cents, étaient aux voûtes de l'église Saint-Louis, brûlés le 30 mars 1814, ont disparu pour ne laisser que quelques débris réintégrés à l'Hôtel, le 29 mars 1829.

2º Les huit donnés à l'Hôtel-de-Ville et provenant du combat de Wertinguen, tous autrichiens, sauvés en 1814 et en 1815, sont encore aujourd'hui à la préfecture de la Seine.

3º Les *cinquante*, ou plutôt *quarante-sept*, de la bataille d'Austerlitz envoyés par l'Empereur à Notre-Dame, furent reçus le 19 janvier 1806, en grande pompe, par le cardinal du Belloy, alors archevêque de Paris. Napoléon Ier, en prévenant le chapitre métropolitain de ce don, disait dans sa lettre, que ces trophées (russes et autrichiens) étaient au nombre de quarante-cinq. Lorsqu'on en fit l'inventaire, au moment de la réception et du procès-verbal, à Notre-Dame, on en trouva quarante-neuf, savoir : vingt-deux drapeaux russes, quatre étendards autrichiens, seize drapeaux de la même nation, plus un offert par le prince Murat; mais sur ces cinquante insignes militaires, trois ayant été employés à compléter ceux en mauvais état, il n'y en eut plus que quarante-sept appendus aux voûtes de l'église.

Le 31 mars 1814, à trois heures du matin, une courte lettre du préfet de Paris, le comte de Chabrol, prescrivit au chapitre métropolitain de *retirer* des voûtes les trophées alors à Notre-Dame. Cet ordre fut exécuté immédiatement; procès-verbal fut envoyé à la préfecture : mais *on ne relata pas sur ce procès-verbal ce qu'on avait fait des drapeaux, et depuis aucune pièce ne fit mention de leur sort!*

Ces trophées si précieux sont-ils enfouis dans quelque coin des combles de l'église cathédrale? Ont-ils été brûlés comme aux Invalides? C'est ce qu'il nous est impossible encore de dire d'une façon certaine. Malheureusement un fait, datant de 1829 (22 janvier), laisse peu d'espoir sur la conservation de ces reliques. A cette époque, un individu qui ne se fit pas connaître, dont le nom n'est pas porté au procès-verbal de réception, remit à l'Hôtel des Invalides un drapeau autrichien, ayant fait partie, *prétendait-il*, de ceux de Notre-Dame, et qu'il était parvenu à sauver en 1814, pendant *qu'on s'occupait de leur destruction.* L'Hôtel des Invalides accepta ce trophée, sans paraître exiger d'autres preuves de son identité, sans que l'acte dressé par l'intendant et signé par le commandant Jacques porte d'autres indications. Est-il permis d'admettre comme positif, d'après des notions aussi vagues, le fait de la destruction des drapeaux d'Austerlitz? Cependant, disons-le, c'est là une présomption défavorable.

4° Deux autres drapeaux, l'un russe, l'autre autrichien, furent encore donnés aux Invalides le 20 novembre 1840, par le gendre d'un peintre d'histoire, auquel ils avaient été prêtés pour modèle; le peintre, nommé Gautherot, avait été chargé par le gouvernement de plusieurs tableaux des batailles de l'Empire.

Ces deux drapeaux, dit la lettre d'envoi du ministre de la guerre, *paraissant avoir été dans le temps tirés des Invalides, à condition d'y être rétablis,* j'ai l'honneur de vous les adresser. Mais d'une part rien, dans les archives de l'Hôtel, ne prouve qu'un prêt de ce genre ait jamais été fait ; d'une autre part rien, dans le procès-verbal de réception, n'indique la provenance que le gendre du peintre ne paraît pas avoir indiquée. Il est donc permis de penser que ces deux trophées faisaient partie de ceux de Notre-Dame.

Par une fatalité inouïe, ces trois drapeaux furent entièrement détruits à l'incendie de l'église des Invalides, le 12 août 1851, lors des funérailles du maréchal Sébastiani.

5° Que sont devenus les huit drapeaux donnés au Tribunat en 1805? Nous ne pourrions le dire d'une manière positive ; mais il y a tout lieu de penser qu'ils ont été versés au Corps législatif, lorsque le Tribunat fut dissout.

6° Les cent dix trophées envoyés à trois reprises différentes au Corps législatif, furent suspendus de chaque côté de la statue de Napoléon Ier, au-dessus du bureau du président de la Chambre ou aux voûtes de la salle des séances, jusqu'en mars 1814. A cette époque ils furent retirés et cachés. Ils reprirent leurs places en 1815. A la seconde invasion, des officiers

prussiens se précipitèrent à la Chambre des députés
et réclamèrent impérieusement ces drapeaux. Un
brave homme, nommé Mathieu, alors garçon de salle,
dédaignant leurs menaces, déclara qu'il était respon-
sable de ces précieux objets, et qu'il ne les remet-
trait que sur un ordre formel de la Commission du
gouvernement. Les officiers étrangers coururent
chercher cet ordre, et, dans l'intervalle, Mathieu jeta
dans une cave cinquante et un de ces insignes, en
sorte qu'au retour des étrangers il ne leur en livra
que cinquante-neuf.

En 1831, les cinquante et un trophées conservés,
dont quarante-six drapeaux et cinq étendards, furent
disposés dans la salle des conférences, derrière la
statue de Henri IV, où ils se trouvent encore aujour-
d'hui, un peu détériorés par les bouches de chaleur
du palais législatif.

7° Les cent dix drapeaux remis aux Invalides en
1831, par le Musée d'artillerie, en vertu des ordres
du ministre de la guerre, et que la lettre du maréchal Soult indiqua comme ayant été distraits de l'Hôtel, en 1827, n'ont jamais quitté, selon toute appa-
rence, le Musée d'artillerie depuis le jour où ils y furent envoyés par l'empereur Napoléon Ier. En 1814,
ils furent, avec tous les objets précieux que possédait
ce vaste établissement, emballés dans la nuit du
30 janvier, expédiés dans l'intérieur de la France et
sauvés. Pourquoi le maréchal Serrurier n'a-t-il pas
eu la pensée d'agir de même!... On les rendit à l'Hô-

tel lorsqu'il fut admis que l'asile des vieux soldats était le dépôt consacré aux trophées conquis par les armées françaises.

8° Outre ces cent dix drapeaux, le Musée d'artillerie est resté en possession de quinze drapeaux et de six étendards provenant *d'un legs spécial* fait à l'établissement par le baron de Percy, chirurgien de l'empereur Napoléon, que ce souverain en avait gratifié à plusieurs reprises. Ces insignes glorieux ont appartenu à toutes les nations de l'Europe avec lesquelles nous avions été en guerre sous le premier Empire.

Nous devons ajouter encore que malheureusement, sur les cent dix drapeaux provenant du Musée d'artillerie, deux des quatre anglais et soixante-quinze portugais et espagnols sur cent six de ces nations, ont été détruits ou gravement endommagés le 11 août 1851.

Les envois de trophées aux Invalides furent nombreux sous le gouvernement de Juillet.

Le 9 mars 1839, le roi fait remettre, par son aide de camp le général Heymès, un pavillon de la Vera-Cruz et trois pavillons de Saint-Jean d'Ulloa, conquis par la marine.

Le 3 avril 1840, douze drapeaux pris au combat de l'Oued-Halleg, sont portés par le général Gourgaud au maréchal Moncey. Ces douze trophées avaient été enlevés sur les réguliers d'Abd-el-Kader, le 51 décembre 1839, ainsi que quatre cents fusils, un canon et les tambours du kalifat de l'émir.

Le 20 octobre 1840, arrivent aux Invalides deux

drapeaux enlevés au combat de Selsous près Biscara (province de Constantine) par le cheick El-
Arab, allié de la France, combattant l'un des lieutenant de l'émir Bel-Azoun.

Le 5 juillet 1843, quatre drapeaux provenant du
beau fait d'armes de l'attaque et de la prise de la
Smala d'Abd-el-Kader par le duc d'Aumale, sont
portés aux Invalides par le général Durosnel, aide
de camp du roi Louis-Philippe.

Pour les recevoir, toutes les divisions des vieux
soldats furent rassemblées dans la cour d'honneur;
le général Petit, en l'absence du gouverneur et l'é-
tat-major de l'Hôtel, vinrent au devant de l'envoyé
du roi, qui, une fois au milieu des invalides, s'écria
d'une voix forte :

« Mes camarades, le roi envoie et confie à votre
« garde ces trophées conquis à l'armée d'Afrique
« par S. A. R. Mgr le duc d'Aumale, au combat
« d'Ain-Taguin. Vous avez applaudi à ce beau fait
« d'armes ordonné par le prince sans hésitation, et
« exécuté par lui à la tête d'une minime partie de
« sa troupe avec la valeur la plus brillante. »

« — Monsieur le général, répondit le général Petit,
« je reçois au nom de M. le maréchal gouverneur,
« ces drapeaux. La France entière, ainsi que nous
« tous ici vieux débris de vingt-cinq années de
» guerre, applaudira aux succès glorieux de l'armée
« d'Afrique. »

Le 5 décembre 1843, quatre drapeaux provenant des combats livrés à Abd-el-Kader et à son kalifat Si-Embareck par le maréchal Bugeaud et le général Tempoure, sont portés aux Invalides et reçus par le maréchal duc de Reggio.

Ils avaient été annoncés au gouverneur par la lettre ci-dessous du duc de Dalmatie, en date du 5 décembre :

« Monsieur le maréchal, j'ai l'honneur de vous informer qu'aujourd'hui à une heure, M. le lieutenant-général baron Aimard, aide de camp du roi, vous portera par ordre de S. M., quatre drapeaux dont l'un a été pris aux derniers combats dirigés par M. le maréchal Bugeaud, gouverneur-général de l'Algérie, contre Abd-el-Kader, et les trois autres par le général Tempoure au combat du 11 novembre, livré par ce dernier, sur les limites du désert, au kalifat Ben-Allad Ould Sidi-Embareck, lequel a été tué dans cette affaire et dont les troupes ont été détruites.

« M. le lieutenant-général Aymard sera accompagné par M. le capitaine des spahis Cassaignoles, qui a eu l'avantage d'assister à ce beau fait d'armes et d'y prendre une part glorieuse.

« Vous voudrez bien faire déposer ces drapeaux dans le lieu d'exposition accoutumé, et en donner récépissé à M. le lieutenant-général Aymard. »

Le 2 septembre 1844, c'est la marine française qui fournit des trophées glorieux aux Invalides. Six pavillons conquis à Mogador par l'escadre du prince de

Joinville, sont remis à l'Hôtel par le colonel Dumas, aide de camp du roi, et par le capitaine de corvette Bouet de Willaumez, envoyé pour présenter ces trophées.

Le général Petit, en l'absence du gouverneur, les reçut et dit : « Ce dépôt sacré est un nouveau témoi- « gnage de la valeur de notre brave marine, digne « émule de notre armée de terre, toutes deux héritiè- « res de notre vieille gloire. »

Le 29 septembre de la même année 1844, l'Hôtel reçoit encore vingt-quatre drapeaux ou étendards, et un parasol pris à la bataille d'Isly.

Cette remise de trophées donna lieu à une cérémomie imposante, qui fournit au général Petit l'occasion de prononcer quelques paroles pleines d'une véritable éloquence militaire.

Les drapeaux furent promenés dans les rangs des militaires invalides. Tous les regards étaient fixés principalement sur le parasol de l'Empereur du Maroc, signe du commandement, magnifique objet en soie rouge, richement brodé en or et en argent. Ce parasol avait 1 mètre 30 cent, de diamètre et une hauteur de 2 mètres 23 cent.

Le 8 mai 1846, cinq drapeaux argentins, pris au combat d'Obligado dans le Parana, le 20 novembre précédent, sur les batteries élevées à terre par le gouverneur de Buenos-Ayres pour la défense du fleuve, batteries enlevées par les troupes françaises et par l'escadre, sont déposés à l'Hôtel.

Le 4 décembre 1847, un trophée curieux vient augmenter le nombre de ceux qui ornaient l'église Saint-Louis. Ce trophée est un drapeau enlevé dans l'Océanie, au combat de Fautahuha, par un chef taïtien nommé Tariri, notre allié.

La réception de ce trophée fut accompagnée d'une assez curieuse circonstance. Le chef taïtien, nommé chevalier de la Légion d'honneur, et qui était venu à Paris porter son drapeau, désirait être reçu légionnaire par le gouverneur des Invalides, alors maréchal Molitor. L'amiral Bruat fit connaître ce désir au maréchal, qui s'empressa d'accéder au vœux du brave Tariri. Malheureusement une maladie subite empêcha l'indigène de se rendre aux Invalides.

« Messieurs, dit le gouverneur, ce drapeau est ce-
« lui qui flottait sur le fort de Fautahuha, lorsque
« cette position fut attaquée et emportée par nos bra-
« ves soldats de l'Océanie. Il a été pris par le chef
« taïtien Tariri, qui est venu visiter la France et
« qu'une maladie subite et grave a empêché d'ac-
« compagner ici son gouverneur-général, M. l'amiral
« Bruat. Ce drapeau m'a été envoyé par le roi pour
« qu'il fût réuni aux nombreux trophées placés sous
« notre garde et dont la présence ici est destinée à
« à perpétuer les souvenirs de la gloire de nos
« armes. »

Le drapeau du chef taïtien fut le dernier que le gouvernement de Louis-Philippe envoya à l'Hôtel.

Nous avons déjà parlé des quarante drapeaux

donnés en 1805 au Sénat, sauvés en 1814 par M. de Sémonville, remis à la Chambre des pairs en 1831, et enfin offerts par la Chambre des pairs pour le tombeau de Napoléon Ier. Ces trophées, ainsi que l'épée et le chapeau du grand capitaine, furent envoyés à l'Hôtel à l'époque de la grande et nationale cérémonie de la translation des cendres, le 15 décembre 1840. Aujourd'hui ils sont autour de son tombeau.

Le 11 juillet 1849, l'Hôtel des Invalides reçut un drapeau conquis sur les Romains, et enlevé par nos troupes à la prise de la *Villa Pamphili*. Le 14 août de la même année, le ministre de la guerre fit remettre également au gouverneur une vaste tente arabe qui avait appartenu à l'ancien bey de Constantine Ahmet, et qui, depuis plusieurs années, était restée déposée au magasin central du campement. On jugea avec raison que la place de ce trophée militaire était aux Invalides; malheureusement cette tente était en assez mauvais état.

L'église Saint-Louis offrait donc déjà, aux nombreux visiteurs qui ne cessent de parcourir l'Hôtel, une assez grande quantité de trophées glorieux, lorsqu'un événement des plus fâcheux et impossible à prévoir vint diminuer la précieuse collection due en grande partie à la valeur de notre jeune armée.

Le 11 août 1851, pendant le service funèbre pour les obsèques du maréchal Sébastiani, le feu prit à une tenture du maître-autel, se communiqua rapidement à quelques drapeaux, en détruisit complétement 56 et le parasol, en détériora 55, dont les débris furent roulés autour de la hampe.

Malheureusement le sinistre avait porté principalement sur les plus précieux. En effet, les quatre drapeaux anglais, les deux autrichiens et les russes de la campagne de 1805, plus vingt-deux espagnols et portugais, de ceux envoyés en 1831 par le Musée d'artillerie et provenant des guerres de 1808 à 1813 furent perdus, ainsi que le parasol pris à Isly.

Les autres trophées, plus ou moins endommagés par le feu, purent cependant être promptement et passablement réparés.

Un relevé exact fait à l'Hôtel après la réparation des drapeaux, constata que deux cent soixante-trois se trouvaient encore aux Invalides, savoir : deux cent treize remis à la voûte de l'église, et cinquante déposés d'abord dans le cabinet du prince Jérôme, gouverneur, puis, bientôt après, placés en deux trophées de chaque côté du cercueil de l'empereur Napoléon Ier dans la chapelle Saint-Jérôme.

Depuis l'incendie du 12 août 1851, quatre remises de drapeaux ont été faites à l'Hôtel.

Le 30 décembre 1852, le ministre de la guerre envoya au prince Jérôme, alors gouverneur, les cinq trophées provenant du siége de Laghouat. Le maréchal de Saint-Arnaud les fit porter par deux de ses officiers d'ordonnance escortés d'un escadron et de quatre compagnies d'élite. Le général Sauboul, qui les reçut, répondant à l'officier d'ordonnance chargé de les présenter, eut un mot des plus heureux :

« Lors de l'incendie de l'église des Invalides, dit-il, quelqu'un voyant le feu prêt à atteindre les drapeaux suspendus à la voûte, s'est écrié : « Nos « soldats en prendront d'autres à l'ennemi. » Cette parole toute française commence à recevoir son exécution. »

Le curé bénit les drapeaux qui, après le *Domine salvum*, furent appendus aux voûtes.

Le 15 janvier 1856, peu de temps avant le traité de paix de Paris, deux drapeaux et quatre pavillons pris sur l'armée russe en Crimée, furent également portés avec un certain apparat à l'Hôtel, par un des aides de camp du ministre.

Le 29 mai 1860, quatre drapeaux autrichiens enlevés à Magenta et à Solferino, et deux drapeaux marocains de la campagne de 1859, portés par un détachement de cent-gardes, furent remis au gouverneur de l'Hôtel, alors comte d'Ornano, qui les reçut à la tête de son état-major et les fit placer dans l'église.

Enfin, le 22 décembre 1862, deux drapeaux et trois fanions mexicains, enlevés au combat du Borrego par le brave 99e de ligne, vinrent clore la série des glorieux trophées en ce moment à l'Hôtel des Invalides.

DESCRIPTION ET EMPLACEMENT DES DRAPEAUX A LA VOUTE DE L'ÉGLISE.

Côté ouest ou de la Sacristie.

1 — (Près de l'autel), — *Drapeau Russe* pris en 1854 et 1855. — Hampe de 5ᵐ — flamme en toile jaune de 5ᵐ sur 4ᵐ. Au centre, l'aigle noir à deux têtes de Russie surmonté de la couronne impériale, portant dans sa serre droite la couronne, dans la gauche le sceptre, sur la poitrine l'écusson aux armes russes.

2 — *Drapeau autrichien*, — pris à la bataille de Solférino. — Hampe de 2ᵐ80, — flamme en soie jaune de 1ᵐ35 sur 1ᵐ70. — Au centre, l'aigle noir à deux têtes portant un écusson héraldique. Autour, petits carrés nuancés jaune, blanc, rouge et noir,

5. — *Guidon mexicain* de l'armée de Gonzalès-Ortéga, pris sur le champ de bataille de Borrego le 14 juin 1862. — Hampe de 1ᵐ20 surmontée d'un aigle tenant dans son bec un serpent, — flamme en laine bleue de 0ᵐ80 sur 0ᵐ75 entourée d'un effilé en soie blanche sur laquelle est appliquée en étoffe rouge le monogramme 1ᵉʳ Bᵒⁿ L.

4. — *Drapeau autrichien* pris à la bataille de Solférino. — Hampe de 5ᵐ, avec lance en cuivre portant gravé des deux côtés E. T. et une couronne, — flamme en soie jaune dont il ne reste qu'un lambeau

de 0ᵐ75 sur 0ᵐ25, — cravate en soie blanche et brune avec ornements brodés or et écusson portant un chiffre gothique et le millésime 1844.

5. — *Drapeau marocain* pris à la campagne de 1859. — Hampe de 2ᵐ15 surmontée d'une boule en fer-blanc. — Flamme de 0ᵐ60 sur 0ᵐ70 en soie fond jaune avec arabesques ton sur ton — deux ornements bleus avec trèfle rouge sur le fond, — encadrement en soie avec frange verte à l'extrémité.

6. — *Drapeau mexicain* de l'armée de Gonzalès-Ortéga, des sapeurs de Zacatecas. Ce drapeau était porté par le bataillon de Sancho-Romano (nom de son chef tué à Maznohan), il devint le drapeau de la division des sapeurs, et fut pris au combat de Borrego, par le caporal Tisserand, du 99ᵉ de ligne. — Hampe de 2ᵐ10, garnie de velours rouge entouré d'un galon d'or en spirale, surmontée d'une lance en cuivre, — cravate en soie verte, blanche et rouge, — cordon et deux glands en or. — Flamme en soie de trois bandes verticales verte, rouge et blanche. Sur cette dernière l'aigle américain tenant un serpent, brodé en soie.

7. — *Drapeau espagnol*, — débris d'un des trophées atteints par le feu aux funérailles du maréchal Sébastiani. — Hampe de 2ᵐ70 surmontée d'une boule en bois. — Flamme ou plutôt débris de flamme en soie roulés autour de la hampe. (C'est un de ceux envoyés du musée d'artillerie).

8. — *Drapeau algérien* pris à Alger en 1830. —

Flamme de 1^m sur 0^m90 en soie jaune entourée de quatre bandes, deux rouges, une bleue et une verte.

9. — *Drapeau portugais.* — Débris roulé (voir le n° 7, — même note).

10. *Drapeau algérien.* — Débris roulé (voir le n° 7), — provenant de la prise d'Alger.

11. — *Étendart marocain*, — pris à la bataille d'Isly, le 14 août 1844. — Hampe de 2^m60 surmontée d'une lance — cordons et glands avec tresse. — Flamme de 1^m03 sur 0^m90 en soie verte à torsade, bande blanche le long de la hampe.

12. — *Drapeau algérien.* — Débris roulé (voir le n° 7).

13. — *Drapeau marocain*, — pris à la bataille d'Isly. — Hampe de 2^m40 surmontée d'un fer de lance avec douille. — Flamme de 0^m82 sur 0^m78 en coton imprimé façon foulard.

14. — *Drapeau algérien.* — Débris roulé (voir le n° 7).

15. — *Drapeau algérien*, — pris au combat de l'Oued-Halleg (les drapeaux remis le 3 avril 1840 aux Invalides à la suite de ce combat et de quelques autres étaient au nombre de douze, sept ont été brûlés le 14 août 1851.). — Hampe de 2^m50 surmontée d'une pique informe. — Flamme de 1^m50 sur 1^m50 en damas broché à fleurs, composée de trois bandes horizontales, deux rouge cramoisi séparées par une jaune.

16. — *Drapeau algérien.* — Débris roulé (voir le n° 7).

17. — *Drapeau algérien,* — provenant de la prise d'Alger, en 1830. — Hampe de 2ᵐ70 surmontée d'une boule en cuivre. — Flamme de 1ᵐ20 sur 1ᵐ en soie, composée de six bandes, trois rouges séparées par trois jaunes.

18. — *Drapeau algérien.* — Débris roulé (voir le n° 7).

19. *Drapeau portugais,* — provenant de ceux envoyés par le Musée d'artillerie aux Invalides le 19 juillet 1851. — Hampe de 2ᵐ40. — Flamme de 1ᵐ30 sur 0ᵐ40 en soie, composée de deux bandes verticales, une blanche et une bleue, — écharpe en soie bleue.

20. — *Pavillon marocain,* — pris le 15 ou 16 août 1844 à l'attaque de Mogador par l'escadre du prince de Joinville. — Hampe de 2ᵐ60. — Flamme de 1ᵐ75 sur 1ᵐ50 en serge rouge avec coulisse en toile, en haut de laquelle se trouve une corde d'attache.

21. — *Drapeau algérien,* — pris au combat de la Sickak, le 6 juillet 1836 (six drapeaux provenant du même combat ont été brûlés le 14 août 1851). — Hampe de 3ᵐ surmontée de deux hémisphères superposées avec une gaîne en percaline rouge. — Flamme en soie de trois bandes horizontales, deux vertes, une à ramages, sur le milieu de laquelle est appliquée, en soie blanche, une main aux doigts étendus.

22. — *Drapeau algérien*, — provenant de la prise d'Alger, en 1850. — Hampe de 2ᵐ70, avec boule en cuivre ; — flamme de 1ᵐ60 sur 1ᵐ40 en soie, composée de trois bandes horizontales, verte, jaune, blanche ; — bande rouge à la hampe ; — effilé vert à l'extrémité inférieure de la flamme.

23. — *Drapeau espagnol*, — provenant de ceux envoyés du Musée d'artillerie. — Hampe de 2ᵐ20 ; — flamme de 1ᵐ50 sur 1ᵐ20, en soie blanche ; — croix diagonale rouge dentelée ; — écussons noirs aux angles.

24. — *Drapeau algérien*, — provenant de la prise d'Alger, en 1830. — Hampe de 3ᵐ10, surmontée d'une boule en fer-blanc ; — flamme de 1ᵐ10 sur 0ᵐ90, en soie brochée, composée de quatre bandes verticales, deux vertes, séparées par une blanche et une jaune, — sur l'une des vertes une main en toile blanche, appliquée ; — effilé vert aux deux côtés.

25. — *Drapeau algérien*, — provenant de la prise d'Alger. — Hampe de 2ᵐ80, surmontée d'un croissant en cuivre et peinte en rouge et jaune ; — flamme de 1ᵐ sur 1ᵐ, en soie, composée de cinq bandes verticales, trois blanches séparées par deux rouges.

26. *Drapeau marocain*, — pris à la bataille d'Isly. — Hampe de 2ᵐ60 ; — flamme de 5ᵐ20 sur 2ᵐ30, en soie, à bandes jaune et verte, bordée par le bas d'une frange de diverses nuances.

27. — *Drapeau algérien*, — provenant de la prise d'Alger. — Hampe de 2ᵐ50, avec boule et croissant

en fer-blanc ; — flamme de 0ᵐ65 sur 0ᵐ45 , en soie rouge et verte, placée diagonalement; — main en toile blanche appliquée sur la partie rouge.

28. *Drapeau algérien,* — provenant de la prise d'Alger. — Hampe de 2ᵐ80, teintée en rouge et blanc, surmontée d'un ovale découpé à jours avec caractères arabes; — flamme de 1ᵐ40 sur 1ᵐ20, en soie, composée de quatre bandes horizontales, deux rouges, une verte et une blanche.

29. — *Drapeau portugais,* — provenant du Musée d'artillerie. — Débris roulé (voir le n° 7).

30. — *Pavillon marocain,* — provenant de l'attaque de Mogador — (voir le n° 20). Hampe de 2ᵐ50; — flamme de 4ᵐ40 sur 1ᵐ10 en serge rouge avec coulisse.

31 — *Drapeau algérien,* — provenant du combat de l'Oued-Halleg (voir le n° 15). — Hampe de 2ᵐ20, avec ornement en fer-blanc en forme de pyramide tronquée; —flamme de 1ᵐ20 sur 1ᵐ en soie, composée de trois bandes horizontales, deux rouges et une verte; — bande bleue le long de la hampe.

32. — *Drapeau espagnol,* — provenant du Musée d'artillerie. — Débris roulé (voir le n° 7).

33. — *Drapeau de la république de Buenos-Ayres,* — pris au combat d'Obligado, le 20 novembre 1845. — Hampe de 2ᵐ50; — flamme de 6ᵐ sur 2ᵐ85, en soie, composée de trois bandes, deux bleues séparées par une blanche sur laquelle est appliqué un soleil rouge.

34. — *Étendard marocain,* — pris à la bataille d'Isly. — Hampe de 2m60, avec lance en cuivre et pointe à douille; — cordon en soie rouge; — flamme de 0m90 sur 0m90 en soie rouge, bordée en partie d'une frange rouge, jaune et verte.

35. — *Drapeau algérien,* — provenant de la prise d'Alger. — Hampe de 2m50, teintée en rouge et blanc; — flamme de 1m40 sur 1m, en laine, composée de trois bandes horizontales, deux rouges et une blanche.

36. — *Drapeau marocain,* — pris à la bataille d'Isly. — Hampe de 2m50, surmontée d'un fer de lance et terminée par une pointe à douille; — flamme de 0m55 sur 0m55, en croisé de coton vert; — bande blanche le long de la hampe.

37. — *Drapeau algérien,* — provenant de la prise d'Alger. — Débris roulé (voir le n° 7).

38. — *Drapeau espagnol,* — provenant de ceux versés par le Musée d'artillerie. — Débris roulé (voir le n° 7).

39. — *Drapeau marocain,* — provenant de la bataille d'Isly. — Hampe de 2m50 avec fer de lance et douille; — flamme de 1m05 sur 1m, en soie brochée blanche, bordée d'un galon avec torsade en soie.

40. — *Drapeau algérien,* — provenant de la prise d'Alger. — Débris roulé (voir le n° 7).

41. — *Drapeau espagnol,* — provenant de ceux versés par le musée d'artillerie. — Hampe de 2m50; — flamme de 1m30 sur 0m70, en laine jaune et bande le long de la hampe.

42. — *Drapeau de Morée,* — provenant du château de Morée, envoyé aux Invalides le 11 mars 1829.—Hampe de 3ᵐ50, surmontée d'un fer de lance ; — cordon et glands coton vert ; — flamme de 0ᵐ95 sur 0ᵐ75 en coton vert.

43. — *Drapeau algérien,* — provenant de la prise d'Alger. — Débris roulé (voir le n° 7).

44. — *Drapeau algérien* — provenant de la prise d'Alger. — Hampe de 2ᵐ85, surmontée d'une lance en fer-blanc ; — flamme de 1ᵐ55 sur 1ᵐ40, en laine, composée de deux bandes horizontales, une jaune et une rouge.

45. — *Drapeau espagnol,* — provenant du Musée d'artillerie. — Débris roulés (voir le n° 7).

46. — *Fanion algérien* — remis aux Invalides, par ordre du Ministre de la guerre, le 7 décembre 1852, — n'ayant rien de ce qui constitue un drapeau ni un étendard. — Hampe de 1ᵐ40, surmontée d'un ornement en fer-blanc terminé par une pointe en fer ; — flamme de 1ᵐ20 sur 0ᵐ65, en toile de coton de couleur rouge déteinte.

47. — *Drapeau marocain,* — provenant de la bataille d'Isly. — Hampe de 2ᵐ80 surmontée d'un fer de lance ; — cordon et glands en soie verte ; — flamme de 1ᵐ10 sur 1ᵐ10, en soie, brochée verte, entourée de franges de soie verte.

48. — *Drapeau espagnol,* — provenant du Musée d'artillerie. — Débris roulé (voir le n° 7).

49. —*Drapeau algérien,* — provenant de la prise

d'Alger. — Hampe de 2m80, tournée en spirale rouge et blanc, surmontée d'une lance en fer-blanc; — flamme de 1m50 sur 1m50 en soie, composée de trois bandes horizontales verte, rouge et blanche.

50. — *Drapeau algérien,* — provenant de la prise d'Alger. — Hampe de 2m60, teintée rouge et jaune; — flamme de 1m30 sur 1m25 en soie, composée de quatre bandes horizontales, deux rouges séparées par deux jaunes; — bande rouge le long de la hampe.

51. — *Drapeau algérien,* — provenant de la prise d'Alger. — Débris roulés (voir le n° 7).

52. — *Drapeau marocain,* — provenant de la bataille d'Isly. — Hampe de 2m70, surmontée d'une lance en fer-blanc; — cordons avec glands en soie cramoisie; — flamme de 0m76 sur 0m52, en soie cramoisie avec franges sur deux côtés de même couleur.

53. — *Drapeau espagnol,* — provenant du Musée d'artillerie. — Débris roulés (voir le n° 7).

54. — *Drapeau algérien,* — provenant de la prise d'Alger. — Hampe de 2m70, teintée en rouge et jaune surmontée d'une lance en fer blanc; — flamme de 1m20 sur 1m20, en soie, composée de quatre bandes horizontales jaunes et rouges.

55. — *Pavillon algérien,* — provenant de la prise d'Alger. — Hampe de 2m25; — flamme de 1m sur 1m en laine rouge.

56. — *Drapeau espagnol,* — provenant du Musée d'artillerie. — Débris roulés (voir le n° 7).

57. — *Drapeau algérien,* — provenant de la prise d'Alger. — Hampe de 2ᵐ50; — flamme de 1ᵐ50 sur 1ᵐ50 en soie, composée de cinq bandes horizontales ; trois jaunes et deux rouges.

58. — *Drapeau espagnol,* — provenant du Musée d'artillerie. — Débris roulés (voir le n° 7).

59. — *Pavillon marocain,* — pris à l'attaque de Mogador. — Hampe de 2ᵐ20; — flamme de 1ᵐ25 sur 1ᵐ15, en serge rouge, percée d'un trou de boulet et de plusieurs balles. Il en manque un morceau.

60. — *Drapeau espagnol,* — provenant de ceux versés par le Musée d'artillerie. — Débris roulés (voir le n° 7).

61. — *Drapeau algérien,* — provenant de la prise d'Alger. — Hampe de 2ᵐ70, avec boule en fer-blanc ; — flamme de 1ᵐ50 sur 0ᵐ80, en soie, composée de cinq bandes horizontales jaunes et rouges.

62. — *Drapeau espagnol,* — provenant de ceux versés par le Musée d'artillerie. — Débris roulés (voir le n° 7).

63. — *Drapeau algérien,* — provenant de la prise d'Alger. — Hampe de 2ᵐ80, surmontée d'un fer de lance avec écharpe en soie bleu et rouge ; — flamme de 1ᵐ25 sur 0ᵐ75 en soie rouge, petite bande bleu à l'extrémité inférieure.

64. — *Drapeau portugais,* — provenant de ceux versés par le Musée d'artillerie. — Débris roulé (voir le n° 7).

65. — *Drapeau algérien,* — provenant de la prise

d'Alger. — Hampe de 2^m80, surmontée d'une boule en fer-blanc; — flamme de 1^m40 sur 1^m, en soie, composée de 5 bandes horizontales jaunes et rouges.

66. — *Drapeau espagnol*, — provenant de ceux versés par le Musée d'artillerie. — Débris roulé (voir le n° 7).

67. — *Drapeau portugais*, — (comme le précédent).

68. — *Drapeau anglais*, — provenant de ceux versés par le Musée d'artillerie; — les drapeaux de cette nation étaient au nombre de *quatre*, deux ont été brûlés le 11 août 1852. — Hampe de 2^m60; — flamme de 0^m80 sur 0^m60, en laine rouge, avec la croix britannique à l'angle supérieur.

69. — *Drapeau portugais*, — même provenance (débris roulés).

70. — *Drapeau algérien*, — provenant de la prise d'Alger. — Hampe de 2^m70, avec lance et anneau en fer-blanc; — flamme de 1^m60 sur 0^m90, composée de cinq bandes rouges et jaunes.

71. — *Drapeau espagnol*, — versé par le Musée d'artillerie. — Hampe de 2^m40, avec lance en cuivre; — flamme de 1^m40 sur 1^m, en soie jaune, ornée d'un grand écusson au centre et d'un petit à chaque angle.

72. — *Drapeau de Morée*, — provenant de ceux versés en 1829. — Hampe de 3^m20 avec cordon, glands en soie verte; — flamme de 1^m sur 1^m, en coton vert, encadrée d'une bande de soie rouge.

73. — *Drapeau hollandais*, — c'est le drapeau de la garnison de la citadelle d'Anvers pris en 1832. —Hampe de 2ᵐ40 avec douille en fer et insignes en bronze doré travaillé en creux; sur les côtés latéraux de la grande face l'inscription : *Koningen Vaderland* et la lettre W surmontée d'une couronne;— flamme en soie orange; sur l'une des faces les armes des Pays-Bas; au-dessous une inscription à demi effacée; autour des deux faces une guirlande de feuillages avec la lettre W surmontée d'une couronne; au-dessous l'inscription : 10ᵉ *Afdeeling, infanterie;* — la flamme est entourée d'une frange d'or à petite torsade.

74. — *Drapeau algérien*, — de la prise d'Alger. —Hampe de 2ᵐ60; — flamme de 1ᵐ sur 1ᵐ, en soie blanche; — bords dentelés avec effilé.

75. — *Drapeau algérien*, — même provenance que le précédent. —Hampe de 2ᵐ40, avec pointe en fer-blanc; — flamme de 1ᵐ sur 1ᵐ, en soie, avec bandes horizontales rouges et bleues.

76. — *Drapeau espagnol*, — versé par le Musée d'artillerie. — Hampe de 2ᵐ30;— flamme de 1ᵐ20 sur 1ᵐ10, en soie jaune partagée par une croix diagonale rouge et dentelée, avec écusson brodé à chaque angle.

77. — *Drapeau marocain*, — de la bataille d'Isly. — Hampe de 2ᵐ65, avec boule en cuivre, cordon et glands de soie blanche;— flamme de 1ᵐ85 sur 1ᵐ30, en reps de soie blanche; — croissant en satin ponceau appliqué au centre; — galon en soie blanche autour de la flamme.

78. — *Drapeau espagnol*, — versé par le Musée d'artillerie. — Hampe de 2ᵐ40, avec lance en cuivre; — flamme de 1ᵐ30 sur 1ᵐ20, en soie jaune avec croix rouge et dentelée en diagonale; — écusson brodé à chaque angle.

79. — *Drapeau algérien*, — de la prise d'Alger. — Hampe de 2ᵐ20, avec boule et croissant en fer-blanc, — flamme de 1ᵐ90 sur 1ᵐ20, en soie, composée de trois bandes horizontales, jaune, rouge, verte.

80. — *Drapeau algérien*, — de la prise d'Alger. —Hampe de 2ᵐ60, avec lance et anneau de fer-blanc; — flamme de 1ᵐ70 sur 1ᵐ60, en soie, composée de six bandes horizontales, trois rouges et trois jaunes entremêlées.

81. — *Drapeau espagnol*, — versé par le Musée d'artillerie. — Hampe de 2ᵐ50; — flamme de 1ᵐ40 sur 1ᵐ30, en soie blanche. Au centre, un aigle entouré de branches de lauriers avec écussons brodés (noirs).

82. — *Pavillon algérien*, — de la prise d'Alger. — Hampe de 2ᵐ; — flamme de 1ᵐ90 sur 1ᵐ, en laine rouge.

83. — *Drapeau algérien*, — drapeau de l'Émir Abd-El-Kader, pris devant sa tente à l'attaque de la Smala, lors du combat d'Aïn-Taguin en 1843. — Hampe de 2ᵐ70, avec ornement en cuivre rouge étamé, composé de deux hémisphères superposées et

surmontées d'un croissant ; — flamme de 1^{m}80 sur 1^{m}70 en soie, composée de trois bandes horizontales, deux cramoisie et une blanche ; — bande bleue le long de la hampe.

84. — *Drapeau mexicain*, — pris le 7 novembre 1837 par la marine, dans une attaque contre le fort de Saint-Jean d'Ulloa. — Hampe de 2^{m}70 surmontée d'un fer de lance et terminée par une douille ; — flamme de 1^{m}20 sur 0^{m}40 en satin, de forme rectangulaire, composée de trois bandes horizontales, rouge, verte, bleue, sur cette dernière un condor les ailes déployées reposant sur un cactus ou nopal en fleurs, de l'autre serrant un serpent dont il tient la tête dans son bec.

85. — *Drapeau de la République romaine*, — pris pendant le siége de Rome en 1849 à l'attaque de la villa Pamphili. — Hampe de 2^{m}70 avec lance et douille ; — flamme de 1^{m}30 sur 1^{m}30 en soie, composée de trois bandes horizontales, verte, blanche, rouge, — sur la blanche les lettres R. R. entourées de feuilles de chêne ; — frange autour de la flamme.

86. — *Drapeau espagnol*, — versé par le Musée d'artillerie. — Hampe de 2^{m}20 avec pointe en fer ; — flamme de 0^{m}80 sur 0^{m}70 en soie jaune.

87. — *Drapeau espagnol*, — versé par le Musée d'artillerie. — Hampe de 2^{m}60 avec lance en cuivre ; — flamme de 1^{m}70 sur 1^{m}70 en soie blanche, partagée par une croix diagonale rouge et dentelée ; — écusson brodé au centre et aux angles.

88. — *Drapeau espagnol*, — (des colonies améri-

caines) — versé par le Musée d'artillerie. — Hampe de 2m70 avec cordons et glands en soie; — flamme de 0m70 sur 0m60 en soie jaune; — au centre, un grand écusson héraldique surmonté d'une couronne ayant à son centre cinq tours et quatre petits écussons bleus, de chaque côté du grand écusson trois drapeaux en faisceaux avec broderies noires au-dessous.

89. — *Drapeau marocain*, — de la bataille d'Isly. — Hampe de 2m60 avec boule en cuivre, douille à pointe, cordon et glands en soie; — flamme de 1m90 sur 1m30 en reps rouge, pointes arrondies, entourées d'une frange à torsade en soie rouge.

90. — *Drapeau algérien*, — provenant de la prise d'Alger. — Hampe de 2m50, avec boule et anneau en fer-blanc; — flamme de 1m20 sur 1m, en soie, composée de deux bandes horizontales jaune et rouge.

91. — *Drapeau espagnol*, — versé par le Musée d'artillerie. — Hampe de 2m50, avec lance en fer; — flamme de 1m sur 1m, en soie jaune.

92. — *Étendard algérien* — (étendard de la ville de Médéah). — Hampe de 5m, avec ornement en fer-blanc, composé de deux hémisphères superposées, cordon et gland en soie verte; — flamme de 1m80 sur 1m60, en damas, composée de trois bandes horizontales verte, rouge, jaune, entourée d'une frange jaune, verte et rouge, — à chaque angle une fleur-de-lis en fer de lance avec des caractères arabes, — sur la bande du milieu, deux lignes de caractères

arabes réunies par une accolade au milieu de laquelle est une fleur-de-lis, — les caractères arabes et les fleurs-de-lis sont d'une étoffe de soie blanche découpée.

93. — *Drapeau algérien,* — pris au siége de Laghouat en 1852. — Hampe de 2^{m}60, avec boule en bois doré; — flamme de 2^m sur 1^{m}60, en soie, composée de trois bandes horizontales blanche, jaune, verte, — frange à l'extrémité.

94. — *Drapeau algérien,* — pris au combat de l'Oued-Halleg. — Hampe de 2^{m}60, avec boule en fer-blanc; — flamme de 1^{m}55 sur 1^{m}15, en soie, composée de trois bandes horizontales, deux vertes séparées par une rouge.

95. — *Drapeau espagnol,* — versé par le Musée d'artillerie. — Hampe de 2^{m}60, avec lance en cuivre et gland en soie; — flamme de 1^{m}50 sur 1^{m}50, en soie blanche, partagée par une croix diagonale rouge et dentelée, — écusson brodé à chaque angle.

96. — *Drapeau espagnol,* — versé par le Musée d'artillerie. — Hampe, de 2^{m}80 avec boule en cuivre; — flamme de 4^m sur 5^{m}50, en laine, composée de deux bandes horizontales une rouge et une jaune, — au centre, un aigle tenant dans son bec et dans ses serres un serpent.

97. — *Drapeau algérien,* — de la prise d'A'ger. — Hampe de 5^m, avec boule en fer-blanc; — flamme de 2^m sur 1^{m}50, en soie, composée de six bandes horizontales, trois rouges séparées par trois jaunes.

98. — *Queue de cheval, insigne algérien,* — provenant de la prise d'Alger. — Hampe de 5^m, avec boule en bois doré; — au lieu de flamme une queue de cheval, avec tresses à l'extrémité supérieure.

99. — *Drapeau algérien,* — de la prise d'Alger. — Hampe de 2^{m}20; — flamme de 1^{m}50 sur 0^{m}80, en soie, composée de trois bandes horizontales, deux jaunes séparées par une rouge.

100. — *Drapeau algérien,* — de la prise d'Alger. — Hampe de 2^{m}50, avec boule et croissant en fer-blanc, — flamme de 1^m sur 0^{m}60, en laine verte, petite bande rouge à l'extrémité.

101. — *Pavillon algérien,* — de la prise d'Alger. — Hampe de 2^{m}20; — flamme de 0^{m}60 sur 0^{m}50 en laine rouge.

102. — *Queue de cheval.* — (Voir le n° 98).

103. — *Drapeau portugais,* — versé par le Musée d'artillerie. — Hampe de 2^{m}20, avec lance en cuivre; — flamme de 0^{m}50 sur 0^{m}50, en soie, composée de trois bandes horizontales, deux jaunes séparées par une bleue.

104. — *Drapeau algérien,* — de la prise d'Alger. — Hampe de 2^{m}50, avec lance en cuivre; — flamme de 0^{m}50 sur 0^{m}50, en soie jaune.

103. — *Drapeau algérien,* — pris au siége de Laghouat en 1852. — Hampe de 2^{m}50, avec fer de lance; — flamme de 1^{m}50 sur 0^{m}50, en soie, composée de trois bandes horizontales, une bleue, une jaune, séparées par une blanche.

106. — *Drapeau portugais*, — versé par le Musée d'artillerie. — Hampe de 2^{m}50, avec fer de lance; — flamme de 2^m sur 1^{m}50, en soie jaune; — une croix de Malte (bleue) au centre.

107. — *Queue de cheval.* — (Voir le n° 98).

108. — *Drapeau algérien*, — provenant du combat de l'Oued-Halleg. — Hampe de 2^{m}50, avec ornement en fer-blanc et en pointe; — flamme de 1^{m}50 sur 1^{m}50, en damas à fleurs broché, composée de trois bandes horizontales, deux rouge-cramoisi séparées par une jaune.

109. — *Drapeau portugais*, — versé par le Musée d'artillerie. — Hampe de 2^{m}20; — flamme de 0^{m}60 sur 0^{m}50, en soie, composée de deux parties en diagonales, une bleue et une jaune.

110. — *Pavillon algérien*, — de la prise d'Alger. — Hampe de 2^{m}20, avec fer de lance; — flamme de 1^{m}50 sur 1^{m}50, en laine rouge.

111. — *Drapeau portugais*, — versé par le Musée d'artillerie. — Hampe de 2^{m}20; — flamme de 0^{m}50 sur 0^{m}50, en soie, composée de deux parties en diagonales, une bleue et une rouge; — au centre une croix de Malte.

112. — *Queue de cheval.* — (Voir le n° 98).

***

Côté Est ou opposé à la Sacristie.

1. (Près de l'autel.) — *Drapeau russe*, — pris

en Crimée en 1855. — Hampe de 5ᵐ; — flamme de 4ᵐ sur 3ᵐ, en toile blanche, partagée par une croix de Saint-André violette. Au point de réunion des deux branches qui se terminent aux quatre angles, se trouvent représentés dans un ovale, d'un côté l'archange saint Michel, de l'autre le baptême de saint Jean.

2. — *Drapeau algérien*, — provenant de la prise d'Alger. — Hampe de 3ᵐ30, avec boule en bois; — flamme de 2ᵐ sur 1ᵐ, en soie, composée de trois bandes, jaune, rouge, verte, entourée d'une frange verte.

3. — *Drapeau autrichien*, — pris à Magenta, le 4 juin 1859. — Hampe de 3ᵐ, surmontée d'une lance sur laquelle est gravé T. I. avec couronne; — flamme de 1ᵐ50 sur 1ᵐ, en soie jaune. Sur chaque face, un écusson avec l'aigle à deux têtes. A la partie supérieure, près de la hampe, on voit d'un côté n° 9, de l'autre *Inf. Regt.*

4. — *Guidon mexicain*. — Guidon de Gonzalès Ortega, que portait le bataillon de San-Luis de Potosi, trouvé sur le champ de bataille de Borrego après l'affaire du 14 juin 1862. — Hampe de 1ᵐ20, avec lance en cuivre doré; — flamme de 0ᵐ80 sur 0ᵐ75, en laine bleue, sur laquelle est appliquée en étoffe rouge l'inscription : 1ᵉʳ B. L. Cette flamme est entourée d'un effilé en soie blanche.

5. — *Drapeau autrichien*, — pris à Solferino, le 24 juin 1859. — Hampe de 3ᵐ, surmontée d'une lance sur les faces de laquelle sont gravées les lettres

F. J. I. surmontées d'une couronne. La lance est enveloppée d'un fourreau en cuivre. Une couronne de laurier et une de chêne y sont attachées. La flamme manque et est remplacée par un fourreau en toile cirée noire, avec cette inscription, d'un côté : PRINZ. GUST V. WASA. 60 LIN. INF. RÉGT., et de l'autre : GRENADIER BATAILLON.

6. — *Guidon mexicain.* — Guidon de Gonzalès Ortega, porté par les sapeurs de Zacatecas, enlevé au combat de Borrego, le 4 juin 1862, par le fusilier Gachet, du 99e de ligne. — Hampe de 1m70, avec lance en cuivre; — flamme de 0m64 sur 0m57, en drap rouge, avec application en étoffe blanche des attributs du bataillon des sapeurs, et cette inscription : *Bon Sanches y Roman.* — La flamme est bordée d'un effilé en laine blanche.

7. — *Drapeau mexicain,* — de l'armée de Zaragoza, — pris, le 18 mai 1862, par le sergent de grenadiers Picarent, du 99e de ligne, aidé des grenadiers Lacousne, Mége et Simeux, à la Blanca-Sica. Ce drapeau était porté par le 2e d'infanterie et avait été enlevé à l'armée de Miramon à l'affaire de Silas (Guanaxuato). — Hampe de 2m20, garnie de velours rouge, et surmontée d'une lance en cuivre avec cordon en soie rouge et deux olives de glands;—flamme dont il ne reste plus qu'un morceau de soie verte informe et des débris de soie rouge et blanche.

8. — *Drapeau espagnol,* — provenant du Musée d'artillerie (débris roulés).

9. — *Drapeau algérien*. — Étendard des Beni-Messerah, remis le 7 décembre 1832 aux Invalides, par ordre du ministre de la guerre. — Hampe de 2^m80, surmontée d'un ornement en fer-blanc, formé de deux cônes renversés réunis par leur base, terminés par une ferrure reployée sur la hampe et formant fiche; — flamme de 2^m sur 1^m60, en soie, composée de trois bandes horizontales, verte, rouge, bleue, entourée d'une frange mélangée jaune, rouge, blanc, vert.

10. — *Drapeau algérien*, — provenant de la prise d'Alger (débris roulés).

11. — *Drapeau algérien*, — provenant de la prise d'Alger. — Hampe de 3^m, avec boule en bois. — flamme de 2^m sur 1^m50, en damas de soie, composée de trois bandes horizontales, verte, jaune, grise, — bande rouge le long de la hampe.

12. — *Drapeau marocain*, — pris pendant la campagne de 1859 au Maroc. — Hampe de 2^m75, avec boule et croissant en cuivre; — cravate se composant d'une torsade en soie jaune et rouge, à deux branches; — flamme de 1^m30 sur 1^m30, en damas soie, composée de trois bandes horizontales, rouge, verte, jaune, bordée d'un effilé en soie verte.

13. — *Drapeau algérien*, — provenant de la prise d'Alger (débris roulés).

14. — *Fanion algérien*, — remis aux Invalides en 1832 par ordre du ministre. — Hampe de 1^m20

(morceau de jonc creux brisé); — flamme de 0ᵐ95 sur 0ᵐ68, en mousseline teinte en vert.

15. — *Drapeau marocain*, — pris à la bataille d'Isly, le 14 août 1844. — Hampe de 2ᵐ50, avec fer de lance; — flamme de 0ᵐ85 sur 0ᵐ85, en indienne imprimée, doublée en toile de coton, sur laquelle est une inscription arabe. La flamme est entourée d'une frange en soie rouge.

16. — *Drapeau algérien*, — de la prise d'Alger (débris roulés).

17. — *Drapeau algérien*, — de la prise d'Alger. — Hampe de 2ᵐ50, avec ornement en fer-blanc; — flamme de 1ᵐ50 sur 1ᵐ50, en soie brochée, composée de trois bandes horizontales, deux rouges séparées par une jaune.

18. — *Drapeau marocain*, — provenant de la bataille d'Isly. — Hampe de 1ᵐ20 (bâton noueux); — flamme de 1ᵐ60 de longueur, composée de deux lés : l'un fond vert, de 0ᵐ67 de longueur; l'autre fond chamois, de 0ᵐ30; elle est bordée d'un côté par une frange jaune et chamois.

19. — *Drapeau algérien*, — de la prise d'Alger (débris roulés).

20. — *Drapeau portugais*, — versé par le Musée d'artillerie. — Hampe de 2ᵐ50, surmontée d'une lance en cuivre, — cordons et glands; — flamme de 1ᵐ30 sur 0ᵐ90, en soie blanche, avec écusson brodé au centre.

21. — *Drapeau algérien*, — de la prise d'Alger (débris roulés).

22. —*Drapeau algérien*,—de la prise d'Alger. — Hampe de 2ᵐ60 avec boule en fer-blanc; —flamme de 1ᵐ20 sur 1ᵐ20, en soie, composée de deux bandes verticales, bleue et rouge, effilé en soie verte.

23. — *Drapeau algérien*, — de la prise d'Alger. Hampe de 2ᵐ60, avec boule en fer blanc; — flamme de 2ᵐ sur 2ᵐ, en soie verte, avec main appliquée en toile blanche; — bande rouge le long de la hampe.

24. — *Drapeau espagnol*, — versé par le Musée d'artillerie (débris roulés).

25. — *Drapeau marocain*, — pris à la bataille d'Isly. — Hampe de 2ᵐ20, avec fer de lance, cordon et glands en soie jaune; — flamme de 1ᵐ sur 0ᵐ95, en soie jaune brochée, entourée d'une frange à torsade jaune.

26. — *Drapeau portugais*, — versé par le Musée d'artillerie (débris roulés).

27. — *Drapeau algérien*, — de la prise d'Alger. — Hampe de 3ᵐ, avec ornement en fer-blanc, — flamme de 1ᵐ50 sur 1ᵐ, en soie, composée de quatre bandes horizontales, deux jaunes et deux rouges.

28. — *Drapeau algérien*, — de la prise d'Alger. — Hampe de 3ᵐ, avec croissant et pointe en fer; — flamme de 2ᵐ sur 2ᵐ, en soie, composée de deux bandes horizontales jaune et rouge.

29. — *Drapeau algérien*, — de la prise d'Alger (débris roulés).

30. — *Drapeau algérien*, — idem.

31. — *Drapeau algérien*, — de la prise d'Alger.

—Hampe de 3ᵐ, avec croissant en fer; — flamme de 2ᵐ sur 2ᵐ, en soie, composée de six bandes horizontales, trois rouges séparées par trois jaunes.

52. — *Drapeau algérien,* — de la prise d'Alger (débris roulés).

33. —*Drapeau algérien,* — *idem.*

34. — *Drapeau marocain,* — pris à la bataille d'Isly. — Hampe de 3ᵐ, avec fer de lance, cordon et glands; — flamme en soie bleue presque toute déchirée.

35. — *Drapeau algérien,* — de la prise d'Alger. — Frange de 3ᵐ, avec ornement en fer-blanc; — flamme de 1ᵐ20 sur 0ᵐ90, en soie, composée de quatre bandes horizontales entremêlées jaunes et rouges.

36. — *Drapeau algérien,* — de la prise d'Alger (débris roulés).

37. — *Drapeau algérien,* — de la prise d'Alger. — hampe de 2ᵐ30; — flamme de 1ᵐ sur 1ᵐ, en laine blanche sur laquelle est appliqué en rouge un croissant.

38. — *Drapeau algérien,* — de la prise d'Alger, — Hampe de 2ᵐ30, avec boule en fer-blanc; — flamme de 2ᵐ sur 2ᵐ, en soie, composée de cinq bandes horizontales, trois jaunes séparées par deux rouges.

39. — *Drapeau algérien,* — de la prise d'Alger (débris roulés).

40. — *Drapeau algérien,* — pris à l'attaque de

la Smala, et ayant appartenu à un des bataillons réguliers d'Abd-el-Kader. — Hampe de 2m50, avec ornement en cuivre rouge étamé ; — flamme de 1m50 sur 1m50, en damas de soie, composée de trois bandes horizontales, deux jaunes séparées par une noire mal teintée ; — sur chacune est appliquée une main, emblème du pouvoir et de la justice.

41. — *Drapeau algérien*, — de la prise d'Alger. — Hampe de 2m50; — flamme de 1m sur 1m, en soie, composée de trois bandes horizontales, deux jaunes séparées par une rouge.

42. — *Drapeau algérien*, — de la prise d'Alger (débris roulés).

43. — *Drapeau marocain*, — provenant de la bataille d'Isly (débris informes).

44. — *Drapeau algérien*, — de la prise d'Alger. — Hampe de 3m, avec fer de lance; — flamme de 1m50 sur 1m20, en laine verte, avec deux petites bandes rouges aux extrémités horizontales.

45. — *Drapeau portugais*, versé par le Musée d'artillerie (débris roulés).

46. — *Drapeau espagnol*, — idem.

47. — *Drapeau algérien*, — de la prise d'Alger. — Hampe de 3m; — flamme de 1m50 sur 1m50, en toile noire, entourée de trois côtés par une petite bande jaune.

48. — *Drapeau espagnol*, — versé par le Musée d'artillerie (débris roulés).

49. — *Drapeau de Fautahuha* (Océanie), — pris

par le chef Tariirii le 17 décembre 1846. — Hampe de 5^m; — flamme de 1^m50 sur 0^m90, en coton uni, composée de trois bandes horizontales, deux rouges séparées par une blanche.

50. — *Drapeau portugais,* — versé par le Musée d'artillerie (débris roulés).

51. — *Drapeau algérien,* — de la prise d'Alger. — Hampe de 5^m, avec ornement et anneau en fer; — flamme de 1^m50 sur 1^m50, en soie, composée de cinq bandes horizontales, trois jaunes séparées par deux rouges.

52. — *Drapeau espagnol,* — versé par le Musée d'artillerie (débris roulés).

53. — *Drapeau algérien,* — de la prise d'Alger. — Hampe de 2,50, avec boule en fer blanc; — flamme de 2^m sur 1^m, en soie, composée de quatre bandes horizontales, rouge, verte, rouge et blanche, avec effilé en soie verte.

54. — *Drapeau espagnol,* — versé par le Musée d'artillerie (débris roulés),

55. — *Drapeau portugais,* — *idem.*

56. — *Drapeau espagnol,* — versé par le Musée d'artillerie. — Hampe de 2^m50, avec lance en cuivre; — flamme de 1^m50 sur 1^m50, en soie jaune, partagée par une croix en diagonale rouge et dentelée; — écusson brodé à chaque angle.

57. — *Drapeau espagnol,* — versé par le Musée d'artillerie (débris roulés).

58. — *Drapeau algérien,* — de la prise d'Alger.

— Hampe de 2m80, avec boule en fer-blanc; — flamme de 2m90 sur 1m80, en soie, composée de six bandes horizontales, trois jaunes séparées par trois rouges.

59. — *Drapeau portugais*, — versé par le Musée d'artillerie. — Hampe de 2m70, avec clous dorés et douille; — flamme de 1m sur 0m70, en soie blanche; — écusson brodé au centre et au-dessous, inscription à demi brûlée.

60. — *Drapeau espagnol*, — versé par le Musée d'artillerie (débris roulés).

61. — *Drapeau anglais*, — versé par le Musée d'artillerie. — Hampe de 2m50; — flamme de 1m80 sur 0m50, en laine rouge; — croix britannique à l'angle supérieur près de la hampe.

62. — *Drapeau espagnol*, — versé par le musée d'artillerie (débris roulés).

63. — *Drapeau algérien*. — Drapeau du Kalifat Sidi-Embareck-ben-Allel, — placé devant l'une des principales tentes de la Smala. — Hampe de 2m70, avec ornement arabe en cuivre rouge étamé; — flamme de 3m sur 2m, en damas broché, composée de quatre bandes horizontales, une verte, une rouge cramoisi séparées par deux jaunes.

64. — *Drapeau portugais*, — versé par le Musée d'artillerie (débris roulés).

65. — *Pavillon marocain*, — pris à l'attaque de Mogador, en août 1844 par l'escadre du prince de Joinville. — Hampe de 2m70; — flamme de 2m sur

1m15 en serge rouge, percée d'un trou de boulet, coulissée en toile avec corde d'attache.

66. — *Drapeau espagnol*, — versé par le Musée d'artillerie (débris roulés).

67. — *Drapeau algérien*, — de la prise d'Alger. — Hampe de 2m50, avec boule en fer-blanc et pointe; — flamme de 1m50 sur 1m50, en soie, composée de quatre bandes horizontales, deux rouges séparées par deux vertes; effilé vert autour.

68. — *Drapeau espagnol*, — versé par le Musée d'artillerie (débris roulés).

69. — *Drapeau marocain*, — pris à la bataille d'Isly. — Hampe de 2m80, avec boule en cuivre dorée et douille, cordon et glands en soie et or; — flamme de 1m60 sur 1m40, en reps de soie amaranthe; — angles arrondis; — différentes figures brodées or, avec caractères arabes.

70. — *Drapeau algérien*, — de la prise d'Alger. — Hampe de 2m70, avec croissant en cuivre; — flamme de 1m20 sur 0m70, en soie, composée de trois bandes, deux rouges séparées par une jaune sur laquelle est appliqué un croissant.

71. — *Drapeau espagnol*, — versé par le Musée d'artillerie (débris roulés).

72. — *Drapeau algérien*; — de la prise d'Alger. — Hampe de 2m60, avec ornement en fer-blanc; — flamme de 1m sur 0m70, en soie, composée de quatre bandes horizontales, deux jaunes séparées par deux rouges.

73. — *Pavillon marocain*, — pris à l'attaque de Mogador en août 1844, par l'escadre du prince de Joinville. — Hampe de 2m70, avec boule en bois; — flamme de 4m05 sur 1m15, en serge rouge; — coulisse en toile avec le numéro 5055, — percée d'un trou de boulet et de plusieurs trous de balles.

74. — *Drapeau espagnol*, — versé par le Musée d'artillerie. — Hampe de 2m70; — flamme de 1m20 sur 1m20, en toile bleue, sur laquelle est un écusson avec fleurs-de-lis, lion couronné, tours et aigle.

75. — *Drapeau marocain*, — pris à la bataille d'Isly. — Hampe de 2m70, avec fer de lance doré, et terminée par une douille; — deux cordons, quatre glands en soie jaune; — flamme de 1m20 sur 1m05, en reps de soie jaune, entourée d'une frange à torsade jaune.

76. — *Drapeau espagnol*, — versé par le Musée d'artillerie. — Hampe de 2m70; — flamme de 1m20 sur 1m20, en soie jaune, partagée diagonalement par une croix rouge dentelée.

77. — *Drapeau algérien*, — de la prise d'Alger. — Hampe de 2m70, avec boule et anneau en fer-blanc; — flamme de 1m50 sur 1m30, en soie, composée de cinq bandes horizontales, trois rouges séparées par deux jaunes.

78. — *Drapeau portugais*, — versé par le Musée d'artillerie (débris roulés).

79. — *Drapeau espagnol*, — versé par le Musée d'artillerie. — Hampe de 2m50; — flamme de 1m20

sur 1^m20, en soie blanche, partagée diagonalement par une croix rouge et dentelée; — écusson brodé à chaque angle.

80. — *Drapeau de Morée*, — provenant de la campagne de Morée et envoyé en mars 1829 aux Invalides. — Hampe de 2^m, avec cordon et glands; — flamme de 1^m sur 1^m, en coton vert, avec enveloppe de même nuance.

81. — *Drapeau algérien*, — pris au combat de l'Oued-Halleg. — Hampe de 2^m70; — flamme de 1^m80 sur 1^m15, en soie, composée de trois bandes horizontales, deux rouges séparées par une bleue; — bande blanche le long de la hampe.

82. — *Drapeau espagnol*, — versé par le Musée d'artillerie.—Hampe de 2^m70, avec lance en cuivre, cordon et glands en soie noire; — flamme de 1^m30 sur 1^m20, en soie blanche, partagée diagonalement par une croix rouge et dentelée; - écusson brodé à chaque angle.

83. — *Drapeau algérien*, — de la prise d'Alger. — Hampe de 2^m70, avec lance et anneau en fer-blanc; — flamme de 1^m50 sur 1^m50, en soie, composée de cinq bandes horizontales, trois rouges séparées par deux jaunes.

84. — *Drapeau espagnol* (des colonies américaines), — versé par le Musée d'artillerie. — Hampe de 2^m70, avec cordon en soie jaune; — flamme de 0^m70 sur 0^m60, en soie jaune, au centre de laquelle se trouve un grand écusson héraldique surmonté

d'une couronne noire renfermant cinq tours et quatre petits écussons bleus ; — de chaque côté du grand écusson, trois drapeaux en faisceaux, avec broderies noires au-dessous.

85. — *Drapeau algérien*, — de la prise d'Alger. — Hampe de 2ᵐ70, avec croissant en cuivre ; — flamme de 2ᵐ30 sur 1ᵐ50, en soie, composée de cinq bandes horizontales, trois jaunes séparées par deux rouges.

86. — *Drapeau marocain*, — pris à la bataille d'Isly. — Hampe de 2ᵐ70, avec lance en fer, tresse en soie et glands ; — flamme de 1ᵐ05 sur 1ᵐ20, en reps de soie amaranthe ; — frange à torsade.

87. — *Drapeau algérien*, — de la prise d'Alger. —Hampe de 2ᵐ70, avec lance en fer-blanc;—flamme de 1ᵐ20 sur 0ᵐ70, en soie, composée de trois bandes horizontales, deux rouges séparées par une jaune ; — bande rouge le long de la hampe.

88. — *Drapeau algérien*, — pris à Laghouat en 1852. — Hampe de 2ᵐ70, avec boule en fer-blanc ; — flamme de 2ᵐ30 sur 1ᵐ80,. en soie, composée de trois bandes, rouge, blanche, bleue.

89. — *Drapeau algérien*, — de la prise d'Alger. —Hampe de 2ᵐ50, avec boule et croissant;—flamme de 2ᵐ sur 1ᵐ20, en soie, composée de trois bandes horizontales, deux jaunes séparées par une verte.

90. — *Drapeau espagnol*, — versé par le Musée d'artillerie. — Hampe de 2ᵐ70, avec fer de lance en cuivre, cordon et glands en soie ; — flamme de 1ᵐ50 sur un 1ᵐ50, en soie blanche, — au milieu un

aigle, un lion couronné et des fleurs-de-lis rouges.

91. — *Drapeau algérien*, — pris au siége de Laghouat en 1852. — Hampe de 2^{m}70 ; — flamme de 1^{m}50 sur 1^{m}10, en soie, composée de six bandes horizontales rouges et jaunes.

92. — *Pavillon algérien*, — de la prise d'Alger. — Hampe de 2^{m}65 ; — flamme de 1^{m}20 sur 1^m, en laine rouge.

93. — *Drapeau algérien*, — de la prise d'Alger. — Hampe de 2^{m}70, avec boule et croissant ; — flamme de 2^m sur 2, en soie, composée de trois bandes horizontales, jaune, verte, rouge.

94. — *Drapeau algérien*, — de la prise d'Alger. — Hampe de 2^{m}70, avec ornement en cuivre ; — flamme de 1^m sur 0^{m}60, en soie, composée de quatre bandes horizontales, deux jaunes et deux rouges.

95. — *Pavillon anglais*, — pavillon du brick anglais *les Deux-Jumeaux*, de 250 tonneaux, portant quatre canons et vingt-cinq hommes d'équipage, pris à l'abordage en décembre 1813, dans la Baltique, par le chef d'escadron MARNIER, aide-de-camp du général Rapp, envoyé en mission près de l'Empereur, et montant la goëlette l'*Heureux-Toulou*, avec huit hommes et un pierrier. Ce pavillon a été donné aux Invalides par le colonel Marnier, et compris dans le procès-verbal du 9 juin 1852 (voir la *Défense de Danzig en* 1813, par d'Arto   -Hampe de 2^{m}70, —flamme de 5^m sur 2^{m}50, en laine rouge ; — croix britannique.

96. — *Drapeau algérien*, — de la prise d'Alger. — Hampe de 2^m50; — flamme de 1^m sur 0^m30, en laine jaune; — croissant rouge au centre.

97. — *Drapeau portugais*, — versé par le Musée d'artillerie. — Hampe de 2^m60, avec lance en cuivre; — flamme de 1^m sur 0^m50, en soie jaune; — au centre un écusson brodé.

98. — *Queue de cheval*, — de la prise d'Alger.

99. — *Drapeau algérien*, — pris au combat de Selsous, près Biscara, par le cheick El-Arab, combattant pour la France Ben-Azous, lieutenant d'Abd-el-Kader, qui commandait un bataillon de réguliers appuyé d'une nombreuse cavalerie. — Hampe de 2^m60; — flamme de 1^m10 sur 1^m, en laine rouge à côtes, sur laquelle sont découpés et cousus en toile blanche une main, un yatagan à double pointe et un cercle avec caractères arabes et trois étoiles.

100. — *Drapeau espagnol* (des colonies américaines), — versé par le Musée d'artillerie. — Hampe de 2^m80, avec lance en cuivre; — flamme de 2^m sur 2^m, en laine, composée de trois bandes horizontales, deux rouges séparées par une jaune; — au centre écusson rouge sur fond bleu, avec trois tours et deux lions couronnés, — trois fleurs-de-lis au milieu de l'écusson.

101. — *Drapeau algérien*, — de la prise d'Alger. — Hampe de 2^m70; — flamme de 1^m sur 0^m80, en soie, composée de trois bandes, deux jaunes, une blanche.

102. — *Queue de cheval*, — de la prise d'Alger

103. — *Pavillon algérien*, — de la prise d'Alger. — Hampe de 2ᵐ70; — flamme en laine rouge.

104. — *Drapeau algérien*, — de la prise d'Alger. — Hampe de 2ᵐ80; — flamme de 1ᵐ20 sur 1ᵐ, en laine, composée de deux bandes horizontales, une rouge et une blanche.

105. — *Drapeau espagnol* (des colonies américaines), — versé par le Musée d'artillerie. — Hampe de 2ᵐ20; — flamme de 1ᵐ sur 0ᵐ60, en laine rouge.

106. — *Queue de cheval*, — de la prise d'Alger.

107. — *Drapeau algérien*, — de la prise d'Alger. — Hampe de 2ᵐ20; — flamme de 0ᵐ60 sur 0ᵐ60, en laine, composée de trois bandes horizontales, deux rouges, une blanche, — sur la blanche un croissant avec caractères arabes.

108. — *Drapeau portugais*, — versé par le Musée d'artillerie (débris roulés).

109. — *Drapeau algérien*, — de Laghouat. — Hampe de 2ᵐ70; — flamme de 1ᵐ sur 0ᵐ80, en soie, composée de trois bandes horizontales, rouge et jaune, séparées par une blanche; — main et croissant appliqués au centre.

110. — *Drapeau portugais*, — versé par le Musée d'artillerie. — Hampe de 2ᵐ30; — flamme de 0ᵐ80 sur 0ᵐ60, en soie, composée de deux bandes horizontales, jaune et verte, — au centre une croix de Malte bleue.

111. — *Queue de cheval*, — de la prise d'Alger.

Pavillons placés aux angles de l'église.

1. — (Près de l'autel, du côté de la Sacristie, — *Pavillon russe*, — pris en 1855, en Crimée. — Flamme de 8ᵐ sur 5ᵐ, en laine verte ; à l'extrémité supérieure est appliqué un carré blanc portant une croix de Saint-André, blanche et bleue.

2. — *Pavillon russe*, — même provenance que le précédent. — Flamme de 4ᵐ sur 5ᵐ. en laine rouge, avec croix de Saint-André (bleue) et croix grecque (blanche),

1. (Près de l'orgue), — *Pavillon mexicain*, — pris à l'attaque de la Vera-Cruz, le 5 décembre 1838. — Flamme de 8ᵐ10 sur 6ᵐ45, en serge de laine, divisée dans sa longueur par trois bandes, une verte, une jaune, une rouge, — sur la bande du milieu est peint un aigle (ou condor) les ailes déployées, reposant sur un nopal en fleurs et tenant un serpent dont la tête est dans son bec.

1 (*bis*). — *Pavillon de Buenos-Ayres*, — pris au combat d'Obligado, le 20 novembre 1845 dans le Parana par les troupes de débarquement. — Flamme clouée sur la hampe du n° 1. — Elle a 4ᵐ50 sur 2ᵐ85 : elle est en laine, composée de trois bandes, deux bleues séparées par une blanche, sur laquelle est appliqué un soleil rouge ; — écusson rouge à chaque angle.

2. — *Pavillon mexicain*, — pris au fort de Saint-

Jean d'Ulloa où il était hissé au moment de l'attaque et de la reddition du fort, le 7 décembre 1838. — Flamme de 5^m40 sur 3^m10, en serge de laine, composée de trois bandes, une verte, une jaune, une rouge; sur la jaune est appliqué un fond bleu avec un aigle (ou condor).

2 (*bis*). — *Pavillon de Buenos-Ayres*, — même provenance que le n° 1 *bis* près de l'orgue. — Flamme composée de trois bandes, deux bleues séparées par une blanche avec un aigle.

1. — (Près de l'autel, côté opposé à la sacristie). — *Pavillon russe*, — pris en Crimée. — Flamme de 12^m sur 8^m, en toile blanche, partagée diagonalement par une croix de Saint-André bleue,

2. — Écharpe bleue, rouge et blanche, placée sur la même hampe que le précédent pavillon.

1. — (Près de l'orgue), *Pavillon mexicain*, — pris à Saint-Jean d'Ulloa (un autre pavillon de la même origine a été brûlé le 11 août 1851). — Flamme de 8^m80 sur 6^m60, en serge de laine pareille au n° 2 (près de l'orgue, du côté de la sacristie).

1 (bis). — *Pavillon de la république de Buenos-Ayres*, — même provenance et même description que le pavillon en face.

2. — *Pavillon de la république de Buenos-Ayres*, — (voir le n° 1 *bis* du côté de la Sacristie près de l'orgue).

2. (*bis*). — *Pavillon russe*, — (voir le n° 1 du côté de la Sacristie, près de l'orgue).

TENTE DE L'ANCIEN BEY DE CONSTANTINE.

La tente de l'ancien Bey de Constantine, apportée en France après la prise de cette ville, fut d'abord déposée au magasin du campement. On finit par trouver que là n'était pas sa place. En 1849, cette tente fut remise aux Invalides, sans cérémonial, et reçue par un simple procès-verbal du sous-intendant militaire. — Elle se compose d'un toit supérieur et de deux murailles dont l'assemblage avec le toit s'opère au moyen d'olives en bois qui correspondent à des boucles en corde. — La couleur est bleu et blanc, — la partie intérieure est doublée en tissu de laine écarlate, richement ornée de dessins orientaux en application de drap bleu et jaune. — Cette tente est déposée dans la tribune du gouverneur, galerie Est; mais elle est en fort mauvais état.

Avant l'incendie du 11 août 1851, il y avait aussi le parasol de l'Empereur du Maroc, pris à la bataille d'Isly; mais il a été dévoré par les flammes.

RÉCAPITULATION DES DRAPEAUX REMIS AUX INVALIDES DEPUIS 1814.

29 mars   1829. —   3 Du château de Morée, — ils existent tous les trois.

16 sept.   1830. —   71 Drapeaux et 5 insignes provenant de la prise d'Al-

ger, — les 71 drapeaux existent, les 5 insignes ont été brûlés.

20 juillet 1831. — 74 Drapeaux espagnols, 32 portugais, 4 anglais versés par le Musée d'artillerie, 21 espagnols 10 portugais, 2 anglais, existent, — 53 espagnols, 22 portugais, 2 anglais ont été brûlés.

19 déc. 1832. — 4 Drapeaux de la prise de Médéah, — ils existent.

10 janvier 1833. — 1 Drapeau belge, — il existe.

18 août 1836. — 7 Drapeaux provenant de l'affaire de la Sickak, — 1 existe, 6 ont été brûlés, (plus trois morceaux d'étoffe informes).

20 janvier 1839. — 1 Pavillon de Saint-Jean-d'Ulloa, — il existe.

22 janvier 1839. — 1 Drapeau autrichien de la campagne de 1805, — il a été brûlé.

9 mars 1839. — 4 Pavillons de la Vera-Cruz et de Saint-Jean-d'Ulloa, — 3 existent, 1 a été brûlé.

3 avril 1840. — 12 Drapeaux du combat de

l'Oued-Halleg, — 5 exis-
tent, 7 ont été brûlés.

20 octobre 1840. — 2 Drapeaux pris à Selsous
près Biskara, — 1 existe,
1 a été brûlé.

30 nov. 1840. — 2 Drapeaux provenant de la
campagne de 1805, un
russe et un autrichien,
tous deux ont été brûlés.

11 déc. 1840. — 48 Drapeaux autrichiens de la
campagne de 1805, con-
servés à la Chambre des
pairs, sauvés et donnés
pour le tombeau de l'Em-
pereur, — 4 sont tombés
en poussière, 44 exis-
tent.

Id. — 6 Drapeaux russes de la campagne de 1805, — ils
existent.

5 juillet 1843. — 4 Drapeaux provenant du
combat de la prise de la
Smala, — 3 existent, 1
a été brûlé.

5 dec. 1843. — 4 Drapeaux pris en Afrique,
— tous les 4 ont été brû-
lés.

29 sept. 1844. — 23 Drapeaux de la campagne
du Maroc (bataille d'Isly),

— 18 existent, 5 ont été brûlés.

29 sept. 1844. —	6 Pavillons (Mogador), — 5 existent, un a été brûlé.
Id. —	Le parasol de l'Empereur du Maroc (Isly) ; — il a été brûlé.
8 mai 1846. —	5 Drapeaux de l'Obligado, — ils existent.
4 déc. 1847. —	1 Drapeau de l'Océanie (Fontahuhu), — il existe.
11 juillet 1849. —	1 Drapeau de la prise de Rome — il existe.
14 août 1849. —	1 Tente du Bey de Constantine, — elle existe.
9 juin 1852. —	Pavillon anglais, donné par le colonel Marnier (1).
30 déc. 1852. —	5 Drapeaux de Laghouat.
15 janvier 1856. —	2 Drapeaux russes de la campagne de Crimée.
Id. —	4 Pavillons, — id.
29 mai 1860. —	4 Drapeaux autrichiens de la campagne d'Italie.
Id. —	2 Drapeaux de la campagne du Maroc.
6 mai 1861. —	4 Drapeaux anglais envoyés

(1) A partir de cette année, après l'incendie de 1851, tous les trophées remis aux Invalides existent.

par l'Empereur Napoléon III, pour être placés autour du tombeau de Napoléon Ier (on en ignore la provenance).

22 déc.   1862. —   2 Drapeaux mexicains de l'affaire de Borrego.

Id.   —   5 Guidons de la même provenance.

Ainsi, depuis 1814, — 350 trophées ont été reçus aux Invalides, 61 ont été détruits, 289 existent en ce moment à l'Hôtel; 55 gravement atteints par le feu, le 11 août 1851, ont été roulés autour de leur hampe et replacés dans l'église.

TABLEAUX. — LUSTRES.

Après la révolution de 1848 et lors de la présidence du prince Louis-Napoléon, l'un des premiers décrets du nouveau chef du pouvoir exécutif fut pour nommer gouverneur des Invalides son oncle, le prince Jérôme, ex-roi de Westphalie, dernier des frères de Napoléon Ier. Au rétablissement de l'Empire, le prince Jérôme, devenu prince impérial et ne pouvant conserver le gouvernement effectif de l'hôtel des vieux soldats, ses compagnons d'armes, voulut du moins rester en possession du titre de gouverneur honoraire et de gardien des clefs du tombeau du grand homme. Il ne cessa, pendant les dernières années de sa vie, de s'occuper de ses chers invalides. Il vint à plusieurs reprises à l'Hôtel, voulut y être enterré, et il offrit à l'église Saint-Louis un tableau et huit magnifiques lustres à bougie qui décorent la nef.

Le tableau donné par le prince Jérôme le représente avec son état-major et les invalides, entendant la messe dans l'église de l'Hôtel. Les lustres sont appendus dans la nef à distance égale des deux côtés; on les allume aux grandes cérémonies.

CAVEAU DES GOUVERNEURS.

Au fond de l'église des Invalides, derrière le maître-autel, se trouve l'entrée d'un caveau destiné à la sépulture des gouverneurs, et qui s'étend sur une longueur de 17 mètres et sur une largeur de 3m30. Il règne sous les trois premières travées d'arcades de la nef.

Ce caveau était destiné, dans le principe, à recevoir la dépouille mortelle des principaux fonctionnaires de l'Hôtel. Il en fut ainsi jusqu'en 1788. A cette époque, défense fut donnée (décision ministérielle du 8 mars) de continuer à inhumer personne dans l'église; mais cette défense fut presque aussitôt abolie de fait.

En 1846 et en 1847, on restaura le caveau; on construisit un escalier pour y descendre; on baissa le sol, et l'on établit de chaque côté trente-cinq *co-*

lombaria pour recevoir les cercueils, ainsi qu'un autel au fond.

On laissa dans le sol les cercueils qui s'y trouvaient ; mais on plaça dans les *colombaria* les cercueils qui étaient déposés *sur* le sol. Dix – sept *colombaria* sont déjà fermés ; il en reste donc cinquante-trois.

Les cœurs de quelques personnages sont renfermés dans des urnes uniformes en marbre noir, posées sur des cippes également en marbre.

NOMS DES PERSONNAGES INHUMÉS DANS LE CAVEAU.

Côté gauche en entrant et à partir du fond :

Blanchard de Saint-Martin 1696

De Mornays de Saint-André. 1742

De Guibert. 1786

Sahuguet d'Espagnac. 1785

De Damrémont. 1837

Côté droit en entrant et à partir du fond :

De Beaujeu. 1730

D'Azemard de Panat de la Serre 1766

Framboisier de Baunay, âgée de vingt-quatre ans, épouse de Guillaume-Marie Gilibert de Marliac, lieutenant-colonel, major de l'hôtel.

De Franquetot de Coigny (maréchal). 1821

Jourdan (maréchal) 1833

En avant de l'autel, les ossements de :

Desroches d'Oranges 1705
De Boyveau 1728
Vissecq de Ganges 1758
Cornier de la Courneufve 1755

INHUMÉS DANS LES COLOMBARIA.

Général Lemaçon, seigneur d'Ormoy 1678
Général Berruyer 1804
Général Lariboissière 1812
Maréchal Bessières, duc d'Istrie 1813
Maréchal Serurier 1847
Maréchal Lobau 1839
Maréchal Moncey, duc de Conégliano . . . 1842
Maréchal Valée 1846
Amiral Duperré 1847
Maréchal Oudinot, duc de Reggio 1847
Général Duvivier 1848
Maréchal Bugeaud, duc d'Isly 1849
Maréchal Molitor 1849
Maréchal Sébastiani 1851
Maréchal Excelmans 1852
Général Arrighi de Casanova, duc de Padoue. 1853
Maréchal de Saint-Arnaud 1854

COEURS POSÉS SUR DES CIPPES EN MARBRE.

Dé Jean Bertrand, seigneur de Sencrie, lieutenant du
roi .à l'Hôtel.
Du général Kléber.
Du général d'Hautpoul.
Du général Bisson.
Du général Éblé.
Du général Baraguay d'Hilliers.
Du général de Conchy.
Du général Négrier.

SPÉCIMEN DE LA STATUE DE NAPOLÉON Iᵉʳ.

Le premier objet qui frappe la vue lorsque l'on
pénètre de la cour extérieure de l'Hôtel dans la cour
d'Honneur, c'est une énorme statue ayant plus de
trois mètres d'élévation, et qui est placée près de
l'horloge, dans une des travées de la galerie régnant
tout autour de la cour d'Honneur. Cette statue en
plâtre est le modèle de celle en bronze qui se trouve
sur le haut de la colonne Vendôme; elle a été
donnée aux Invalides par Seurre, sculpteur. Bien
longtemps la statue de plâtre des Invalides fut en-
combrée de couronnes, de bouquets d'immortelles,
de rubans, de pièces de vers pieusement déposés aux
pieds du grand homme par ses vieux compagnons de
gloire, et prouvant chez ces braves gens plus d'ad-

miration, de reconnaissance et d'amour que de sentiment poétique. On a fait disparaître ces souvenirs,
dont quelques-uns frisaient le ridicule, pensant avec
raison qu'il était convenable de débarrasser cette
image de l'Empereur de tout ce dont on l'entourait.

III

OBJETS QUI SE TROUVENT SOUS LE DOME, AUTOUR DU TOMBEAU
DE L'EMPEREUR, SAVOIR : DRAPEAUX (historique); —
ARMES ET DÉCORATIONS DE NAPOLÉON (historique); —
TOMBEAUX DES ROIS JOSEPH ET JÉROME, DE TURENNE, DE
VAUBAN, DE BERTRAND, DE DUROC (historique).

Pendant la campagne de 1805 et après la capitulation d'Ulm, Napoléon, ainsi que nous l'avons dit
dans le chapitre précédent à l'historique des drapeaux, envoya 40 trophées autrichiens au Sénat. Ces
trophées furent annoncés en séance solennelle par
les princes Joseph (grand-électeur), Louis (grand-
connétable), Cambacérès (archi-chancelier).

Dans une autre séance du 1er janvier 1806, ces 40
trophées furent reçus solennellement par le Sénat,
présidé par le prince Joseph. Mais à ces 40 drapeaux
ou étendards on en avait ajouté 14, dont 6 russes
pris dans les combats et batailles qui suivirent la

prise d'Ulm, et dont le dernier fut la journée d'Austerlitz. Ces 54 trophées furent placés dans la salle
des séances du Sénat, qui fit graver sur des tables de
marbre la lettre de l'Empereur, et à la suite une
inscription commémorative. Ces 54 insignes, cachés
en 1814 et en 1815 pendant les deux invasions des
armées étrangères et jusqu'en 1830, ont été inaugu-
rés de nouveau dans une séance de la Chambre des
pairs, le 25 juillet 1831. En vertu d'une décision de
la Chambre des pairs, ils furent en 1840, le 11 décembre, envoyés aux Invalides et placés aux quatre
angles du catafalque qui reçut le cercueil de Napoléon Ier, dans la cérémonie funèbre du 15 décembre
1840. Quelque temps après cette cérémonie et pendant les travaux de la chapelle Saint-Jérôme, ces
drapeaux étant destinés à orner le tombeau que l'on
allait construire pour le Grand homme, furent portés
chez le gouverneur de l'Hôtel, où ils restèrent jusqu'en 1853 dans une grande armoire en bois qui
contenait également les armes et les décorations de
l'Empereur. En mai 1853 on forma deux faisceaux
de ces trophées et on les mit dans la chapelle Saint-
Jérôme, de chaque côté du cercueil. Le 2 mai 1861,
la translation du corps ayant été faite de la chapelle
Saint-Jérôme dans le sarcophage, on prit les ordres
de l'Empereur Napoléon III pour le placement des
drapeaux. Sa Majesté se rendit en personne à l'Hôtel
des Invalides, et décida que l'on formerait de ces
insignes glorieux six trophées, qui seraient placés

dans la crypte souterraine à côté des Victoires et autour du sarcophage.

Puis, comme quatre des drapeaux autrichiens de 1805 étaient tombés en poussière, l'Empereur envoya pour les remplacer quatre drapeaux anglais qu'il avait dans son cabinet.

EMPLACEMENT ET DESCRIPTION.

1er *faisceau* (placé à la tête et à droite) (1), formé de sept drapeaux *autrichiens*, un *russe* et un *anglais*.

Six des sept drapeaux autrichiens sont pareils. — Hampe de 2m20, avec lance en cuivre; — flamme de 1m50 sur 1m20, en soie jaune; — d'un côté un écusson héraldique en neuf parties, surmonté d'une couronne, et placé sur la poitrine d'un aigle noir à deux têtes, ayant sur les ailes les lettres F. II. De l'autre côté, la Vierge couronnée d'étoiles et les pieds sur un serpent. — La flamme est bordée de petits carrés partagés diagonalement, et dont les parties sont de nuances jaune, blanche, rouge, noire.

Un des drapeaux autrichiens diffère des autres en ce que la flamme n'a que 0m80 sur 0m40, et qu'elle est en soie fond blanc brodée or et argent, avec cette devise : *Mors Manitapa Triæ*. A l'une des faces on voit saint Michel terrassant le diable.

Le drapeau russe a une hampe de 2m50, entourée de soie verte, avec clous dorés, surmontée d'un fer

(1) La tête est du côté de la cour Vauban.

de lance, avec les lettres T. I. M. T. (gravées) ; — flamme de 0ᵐ50 sur 0ᵐ50, en soie brochée verte, brodée or et argent ; — sur une des faces un aigle à deux têtes surmonté d'une couronne et tenant dans l'une de ses serres son sceptre, dans l'autre une couronne, — au centre un écusson où se trouve saint Michel terrassant un dragon; sur l'autre face, un écusson héraldique avec les lettres M. T.

Le drapeau anglais a une hampe de 2ᵐ80 ; — flamme de 1ᵐ50 sur 1ᵐ50, en soie verte ; — à l'extrémité supérieure, près de la hampe, on voit la croix britannique.

2ᵐᵉ *Faisceau* (placé à la tête et à gauche), — composé de huit drapeaux *autrichiens*, pareils au n° 1 du premier faisceau, et d'un drapeau *anglais*.

Drapeau anglais. — Hampe de 2ᵐ80; — flamme de 1ᵐ80 sur 1ᵐ80, en soie violette; — écusson au centre; — croix britannique à la partie supérieure de la hampe; — médaillon surmonté d'une couronne à chaque angle.

3ᵐᵉ *Faisceau* (à droite), — composé de sept drapeaux *autrichiens*, pareils au n° 1 du premier faisceau et de deux russes semblables au drapeau *russe* du premier faisceau.

4ᵐᵉ *Faisceau* (à gauche), — composé de huit drapeaux *autrichiens* et d'un drapeau *russe*.

5ᵐᵉ *Faisceau*, — composé de six drapeaux *autrichiens*, de deux drapeaux *russes*, d'un drapeau *anglais*.

Drapeau anglais. — Hampe de 2ᵐ50 ; — flamme de 2ᵐ sur 1ᵐ80, en soie blanche. — Au céntre une croix diagonale rouge et blanche et au milieu un écusson avec la devise *Th..... Royal.*

6ᵐᵉ *Faisceau*, — composé de huit drapeaux *autrichiens* et d'un *anglais*.

Drapeau anglais. — Hampe de 2ᵐ80 ; — flamme de 2ᵐ sur 1ᵐ80 en soie violette, ayant la croix britannique rouge et blanche, de toute la grandeur de la flamme (1).

ARMES, DÉCORATIONS ET OBJETS AYANT SERVI A L'EMPEREUR (historique).

Les objets déposés dans une chapelle ou reliquaire, à la tête du tombeau de l'empereur Napoléon Iᵉʳ, et ayant appartenu au Grand homme, sont : l'épée qu'il avait à la bataille d'Austerlitz, le grand collier de l'ordre de la Légion d'honneur qu'il portait dans les grandes cérémonies, le grand cordon et la plaque de l'ordre dont il faisait journellement usage, le chapeau qui le coiffait à la bataille d'Eylau.

Par son testament, Napoléon Iᵉʳ légua à son fils les boîtes, ordres, lit-de-camp, *armes*, etc., ayant servi à son corps et à son usage.

(1) Ces drapeaux, à l'exception des quatre drapeaux anglais, furent déposés en trophée près du cercueil, dans la chapelle Saint-Jérôme, le 21 mai 1853. Ils y restèrent jusqu'à la mise dans le cénotaphe des cendres, le 2 avril 1861.

« Je désire, écrit-il dans ce testament, que ce faible legs lui soit cher, comme lui retraçant le souvenir d'un père dont l'univers l'entretiendra. »

Ces objets si précieux ne devaient jamais être le partage du fils de l'Empereur ; l'épée d'Austerlitz, avant de devenir le patrimoine de la France, allait donner lieu à bien des contestations.

A la suite du testament de l'exilé de Sainte-Hélène se trouvait un état désignant : l'épée, celle que portait Napoléon à Austerlitz, le sabre de Sobieski (il est aujourd'hui au Musée d'artillerie), le glaive que Napoléon Ier portait au Champ-de-Mai en 1815, le poignard donné jadis par le Pape au grand-maître de l'ordre de Malte, Lavalette ; deux paires de pistolets d'arçon de Versailles d'un riche travail, enfin le nécessaire d'or dont l'Empereur se servait dans ses campagnes.

« Je charge le comte Bertrand, écrivait l'Empereur, de soigner et de conserver ces objets, et de les remettre à mon fils quand il aura seize ans. »

Le fils de Napoléon mourut sans les avoir jamais possédés. Le dépôt sacré ne cessa pas d'être aux mains du dépositaire.

En 1852, le Roi Joseph, alors à Londres, apprit que Marie-Louise, dont la conduite avait été si peu digne du Grand homme auquel on l'avait unie, réclamait tous les objets mobiliers existants aux mains des exécuteurs testamentaires de Napoléon. De ce nombre était *l'épée d'Austerlitz.* Le frère aîné de l'Empereur comprit la portée de la demande et s'opposa formellement à ce qu'il y fût fait droit. Il fit délibérer des consultations par les premiers avocats de Paris, relativement à la question des armes, déclarant lui-même que, dans ses sentiments patriotiques, ces armes devaient être la propriété de la France. Odilon-Barrot, Dupin, Marie, Hennequin, Delangle, Chaix-d'Est-Ange, Paillet, Baroche, etc., déclarèrent, comme le Roi Joseph, que les armes de l'Empereur, par droit politique, devaient être la propriété de la France, et qu'en faisant cette remise, les fidéicommissaires de Napoléon satisferaient tout à la fois, et aux principes du droit, et à la volonté présumée du testateur, et à l'honneur de la France.

Le Roi Joseph écrivit aux avocats la lettre suivante, en date du 28 août 1833 :

« Messieurs, vos consultations sur les armes de l'Empereur Napoléon me paraissent des décisions que ne sauraient infirmer ni le public ni les tribunaux : que les armes soient, *sans nul intermédiaire*, appendues à la colonne nationale par le général Bertrand, et confiées à la garde du peuple de Paris. Celui qui les reçut des mains de Napoléon, avec son dernier soupir, ne saurait trahir ses vœux en les confiant à des mains ennemies, de quelque pays qu'elles soient.

« Ne demandons pas davantage à l'époque actuelle : elle voit encore l'exil et la dispersion de la famille de Napoléon. Cette colonne ne devrait-elle pas être surmontée de sa statue et recevoir ses cendres? La nation se montrera juste lorsqu'elle sera rendue à elle-même par la destruction des traités de 1815, dont vit le système anti-national qui lui a été imposé par quelques hommes abusés sur le vœu populaire.

« Quant à la famille de Napoléon, quoi qu'en disent ses astucieux ennemis, elle n'a d'autre prétention que celle de servir son pays; son unique droit, comme celui de tous les opprimés, est d'élever la voix contre les oppresseurs qui lui ferment le sol national. »

Sept années s'écoulèrent de 1833 à 1840, le général Bertrand se rendit dans les colonies, et les négociations pour les armes continuèrent sans aboutir.

En 1840, le général Bertrand publia un Mémoire dans lequel il déclarait que : lors d'une conversation avec l'Empereur à Sainte-Hélène, le prince, interrogé sur la destination à donner aux armes dans le cas où le Roi de Rome viendrait à être enlevé prématurément, aurait répondu : *Vous les garderez; il vaut autant que vous les ayez qu'un autre.* D'où le général tirait cette conclusion que ces armes étaient devenues, par la volonté expresse du testateur, sa propriété personnelle.

La famille de l'Empereur, à cette révélation soudaine s'émut et des réfutations du Mémoire du général Bertrand furent publiées dans tous les journaux. On y lisait entre autres choses :

« Comme il n'y a pas un mot dans le testament de Sainte-Hélène qui autorise cette interprétation; comme l'Empereur se borne à disposer en faveur de son fils; que ce dernier est mort après avoir atteint sa seizième année, et qu'à partir de cette époque les objets à lui légués étaient inévitablement devenus sa chose, il est clair qu'à son décès ces objets se sont trouvés faire partie de sa succession et sont devenus également la chose de ses héritiers.

« Le général Bertrand, après avoir établi à sa manière, sa qualité de propriétaire des armes, déclare vouloir en disposer en faveur de la France lorsque les cendres de Napoléon reposeront sous la colonne. Tout le monde applaudira à ces sentiments; mais la famille de Napoléon, qui seule est héritière, et qui seule peut disposer, avait exprimé des sentiments identiques. »

Une correspondance s'établit à la suite de tous ces incidents entre le Roi Joseph et le général Bertrand. Ce dernier, à l'injonction de déposer les armes aux Invalides, écrivit au Roi Joseph, qu'on appelait alors le comte de Survilliers :

« Monsieur le Comte, ainsi que j'ai eu l'honneur de vous l'annoncer, j'ai fait des démarches pour arriver à la réalisation des derniers vœux exprimés par l'Empereur, vœux qui sont devenus ceux de la France entière (1). J'ai regardé comme un devoir d'en poursuivre l'accomplissement.

(1) Le retour des cendres.

« Mais lors même que le résultat ne serait pas aussi favorable que nous devons le souhaiter, *les armes de Napoléon seront remises au gouverneur des Invalides*, et vous reconnaîtrez dans ce qui me reste à faire tout mon désir de vous être agréable. »

Comptant sur la réalisation de cette promesse, le Roi Joseph écrivit de Londres, le 26 mai 1840, au maréchal Moncey, gouverneur des Invalides, une lettre pour lui annoncer que l'épée de Napoléon lui serait portée par le grand-maréchal, général Bertrand. »

La famille de l'Empereur avait donc l'intime conviction que les armes allaient être remises, *de sa part*, au gouverneur des Invalides ; mais il n'en devait pas être ainsi.

Le roi Louis-Philippe refusa d'accepter ces objets précieux comme étant donnés par la famille, il ne voulut les tenir que du grand-maréchal, et exigea du général Bertrand de les déposer entre ses mains pour être gardés aux Tuileries jusqu'à l'entrée des cendres, et à la remise que lui-même en ferait faire, en son nom, aux Invalides.

Ainsi les armes, propriété de la famille impériale, furent déposées le 4 juin au palais des Tuileries par le général Bertrand, en son nom, et non pas au nom de ceux qui en étaient les légitimes propriétaires ; mais ainsi le veulent les révolutions et les exigences politiques.

Le général s'excusa vis-à-vis du Roi Joseph par

une lettre en date du 4 juin 1840, écrite au moment où il partait pour Sainte-Hélène afin d'aller chercher les dépouilles mortelles du Grand homme, et le même jour le maréchal Moncey écrivit également au frère aîné de l'Empereur pour lui dire la modification apportée à ses volontés.

Le Roi Joseph, tristement affecté des phases par lesquelles avait dû passer cette affaire, protesta par une lettre noble et digne adressée, le 6 juin, au général Bertrand. Le jeune prince Louis-Napoléon s'associa aux sentiments de son oncle, en faisant publier dans plusieurs journaux la vigoureuse protestation suivante :

« Je m'associe de tout mon cœur à la protestation de mon oncle Joseph. En remettant les armes du chef de ma famille au roi Louis-Philippe, le général Bertrand a été la victime d'une déplorable illusion. L'épée d'Austerlitz ne doit pas rester dans des mains ennemies; il faut qu'au jour du danger elle brille pour la gloire de la France. Qu'on nous laisse dans l'exil; qu'on garde nos biens ; qu'on ne se montre généreux qu'envers Napoléon mort, nous nous résignons à notre sort, tant que notre honneur restera intact; mais priver les héritiers de l'Empereur du seul héritage que le sort leur ait laissé, donner à un heureux de Waterloo les armes du vaincu, c'est trahir le plus sacré des devoirs et imposer aux opprimés l'obligation de dire un jour aux oppresseurs : rendez-nous ce que vous avez usurpé. »

Le 15 décembre 1840, jour mémorable de l'arrivée des cendres de Napoléon Ier à Paris et de leur réception solennelle aux Invalides, l'épée du Grand capitaine, l'épée d'Austerlitz, fut transportée du palais des Tuileries à l'Hôtel des vieux soldats. Immédiatement après la remise du corps à S. M. le roi Louis-Philippe par le prince de Joinville, le maréchal Soult, duc de Dalmatie, présenta au roi l'épée de l'Empereur, que le général Athalin, un des aides de camp de S. M., portait sur un coussin. Le roi, la remettant alors au général Bertrand, lui dit : « Général, voici l'épée de la journée d'Austerlitz, déposez-la sur le tombeau de l'Empereur Napoléon Ier. »

Après la cérémonie, cette épée fut confiée au maréchal Moncey, duc de Conegliano, gouverneur des Invalides, par le comte de Montalivet, intendant de la liste civile, et par M. Beuzart, trésorier de la couronne.

Le maréchal Moncey s'empressa de mettre à l'ordre du jour des Invalides :

« Officiers, sous-officiers et soldats, hier, à l'issue de la mémorable solennité de la réception des cendres de l'Empereur Napoléon, la glorieuse épée qu'il portait à Austerlitz a été remise, par le roi, entre les mains de votre Gouverneur.

« Vieux soldats de la France, vous apprécierez tout ce que ce nouveau témoignage de la haute confiance de Sa Majesté a d'honorable pour nous. Au moment où votre Gouverneur a recueilli le glaive que tant de victoires ont immortalisé, il a pris, en votre nom comme au sien, l'engagement de veiller à sa garde. Cet engagement, officiers, sous-officiers et soldats, nous mettrons tous notre honneur à le remplir avec fidélité. »

L'épée d'Austerlitz, après être restée sur le cercueil jusqu'au 18 février 1843, jour où les cendres furent transportées dans la chapelle Saint-Jérôme, fut solennellement placée dans une grande armoire, mise elle-même dans le cabinet du Gouverneur des Invalides. Elle y resta jusqu'au 21 mai 1855, époque à laquelle on l'en retira, en présence du prince Jérôme, gouverneur honoraire, du comte d'Ornano, gouverneur, et de plusieurs autres officiers de l'Hôtel. On la transporta ce jour-là, à dix heures du matin, ainsi que les autres insignes et les drapeaux de la campagne de 1805, dans la chapelle Saint-Jérôme. Elle fut déposée sous une vitrine renfermant le chapeau, le grand collier de l'ordre, le grand cordon et la plaque de la Légion d'honneur.

Après la mise au cénotaphe des cendres de Napoléon Ier, le 2 avril 1861, l'épée et les autres objets précieux ci-dessus mentionnés furent descendus dans la chapelle ou reliquaire, où ils se trouvent encore aujourd'hui, et que malheureusement le public ne peut qu'entrevoir du pourtour qui règne au-dessus de la crypte souterraine.

Le chapeau porté par Napoléon à la bataille d'Eylau en 1807 a une autre origine. Il fut confié à M. Gros, célèbre peintre d'histoire, chargé d'un tableau sur la bataille d'Eylau, peu de temps après cette terrible affaire. Gros le garda jusqu'à sa mort, ne permettant à personne de s'en couvrir. Après lui le chapeau, devenu un objet historique, fut mis en vente le 1er décembre 1855, et adjugé pour la somme de 2,047 fr. 50 c. à M. le docteur Delacroix.

Lorsqu'on annonça le retour des cendres en France, le docteur Delacroix offrit ce chapeau pour être placé sur le tombeau de l'Empereur. M. de Rémusat, alors ministre de l'intérieur, répondit, le 30 mai 1840, en acceptant et en engageant le propriétaire à garder l'objet précieux jusqu'au moment de la cérémonie des funérailles. Le docteur préféra remettre le chapeau au roi Louis-Philippe, qui pria M. Delacroix de le faire déposer à la bibliothèque des Invalides.

Le 12 décembre 1840, en effet, trois jours avant la cérémonie des funérailles, le chapeau d'Eylau fut reçu par le gouverneur, mis sur un piédestal en marbre, recouvert d'un globe de cristal, et placé sous le tableau représentant le passage du mont Saint-Bernard par le Premier Consul, tableau qui se trouve encore aujourd'hui à la bibliothèque des Invalides.

Le chapeau du Grand homme, après avoir été long-temps conservé avec son épée dans la grande armoire du cabinet du gouverneur de l'Hôtel, fut transporté, en même temps que les autres insignes, à la chapelle Saint-Jérôme, puis dans le reliquaire.

Le grand cordon, la plaque et le grand collier

de la Légion d'honneur de l'Empereur Napoléon Ier étaient aux mains du Roi Joseph, lorsqu'au commencement de juillet 1843, ce prince fit témoigner le désir au gouvernement du roi Louis-Philippe de doter la France de ces glorieux insignes. Le duc de Dalmatie, président du conseil, fit connaître à M. Sapey, député chargé par le Roi Joseph de cette honorable mission, qu'on acceptait l'offre du frère aîné de l'Empereur.

En conséquence, le 14 juillet 1843, ces décorations furent déposées dans l'armoire où étaient déjà les armes et le chapeau de Napoléon.

Après avoir été placés, le 21 mars 1853, sous la vitrine, dans la chapelle Saint-Jérôme, au milieu des drapeaux de 1805, et y être restés jusqu'en 1861, ces objets précieux ont été prendre place dans le reliquaire où elles se trouvent actuellement.

AUTRES OBJETS AYANT ÉTÉ AUX INVALIDES.

D'autres objets, retraçant de grands souvenirs de Napoléon Ier, ont été quelque temps aux Invalides. *La couronne d'or* votée par la ville de Cherbourg; *le char funèbre* qui avait conduit l'Empereur de son habitation à son premier tombeau dans l'île de Sainte-Hélène; *le drap mortuaire* ayant servi à recouvrir le cercueil lorsqu'on le ramena de Sainte-Hélène; *la couronne impériale* qui figurait sur le cercueil lors de la cérémonie du 15 décembre 1840; *les trois clefs du cercueil :*

La couronne d'or avait été votée par le conseil municipal de Cherbourg et déposée solennellement par le maire de cette ville, le 5 mai 1841, sur le tombeau provisoire de l'Empereur, puis ensuite placée avec les autres objets précieux dans l'armoire du cabinet du Gouverneur.

Le procès-verbal du 20 mars 1849, relatant la remise faite au prince Jérôme Bonaparte, nouveau gouverneur des Invalides, des objets précieux destinés à être placés sur le tombeau de l'Empereur Napoléon, comprend, parmi ces objets, la couronne d'or; mais le procès-verbal du 21 mars 1853, relatant la translation des objets de l'appartement du Gouverneur dans la chapelle Saint-Jérôme ne fait pas mention de cette couronne.

Lorsque le dernier des frères de l'Empereur quitta l'hôtel impérial des Invalides, la couronne de Cherbourg fut transportée au Palais-Royal, puis versée, par ordre du ministre d'État, au Musée des Souverains, ainsi que cela résulte d'une lettre officielle de M. Fould en date du 16 juin 1853.

Le char funèbre. — Le 5 novembre 1858, le char funèbre qui avait servi aux obsèques de l'empereur Napoléon Ier, à Sainte-Hélène, offert par S. M. la reine d'Angleterre, à l'empereur Napoléon III, fut reçu aux Invalides par le gouverneur général d'Ornano, en présence de S. A. I. le prince Napoléon.

Le général sir John Burgoyne, chargé par son gouvernement de faire la remise du char, s'adressant au prince, lui dit : « Sa Majesté la reine d'Angleterre, désireuse d'offrir à Sa Majesté Impériale une relique qu'elle sait être intéressante pour la France, m'a chargé du soin d'amener ici et de mettre à la disposition de l'Empereur, le char funèbre qui a porté à sa première tombe, la dépouille mortelle de l'illustre fondateur de la dynastie napoléonienne. L'admiration que je professe comme soldat, pour le génie sublime et pour les exploits de ce grand guerrier, m'a rendu d'autant plus heureux du choix que ma gracieuse souveraine a bien voulu faire de moi, pour me confier cette honorable mission. »

Le prince Napoléon répondit aussitôt à sir John Burgoyne : « Général, je reçois au nom de S. M. l'Empereur, la précieuse relique que la reine d'Angleterre lui envoie. Je la reçois comme un témoignage de son désir d'effacer les poignants souvenirs de Sainte-Hélène, comme un gage de l'amitié qui unit les deux souverains et de l'alliance qui existe entre les deux peuples. Puisse cette alliance durer pour le bonheur de l'humanité ! Puisse-t-elle réserver à l'avenir d'aussi grands résultats que ceux qu'elle a déjà produits. Je suis chargé par l'Empereur de vous dire, général, qu'il a été particulièrement sensible au choix que S. M. la Reine a fait de vous pour cette mission. Nous sommes heureux d'avoir à remercier un des glorieux chefs de l'armée anglaise à côté de laquelle nous avons combattu et pour laquelle nous avons conservé une si haute estime. »

A la suite de ces discours, le char fut placé dans la chapelle Saint-Jérôme, derrière, à la tête du cercueil, en travers, de façon à être aperçu de l'entrée de cette chapelle.

Après la translation des cendres dans le cénotaphe, le défaut d'emplacement fit décider son envoi au Garde-Meuble, où il se trouve aujourd'hui.

Les trois clefs du cercueil, après le retour des cendres, furent d'abord remises au roi, qui les donna au président du Conseil duc de Dalmatie. Le maréchal Soult les garda jusqu'au 7 janvier 1841 et les confia alors au gouverneur des Invalides. Elles vinrent ensuite au prince Jérôme. Plus tard ce prince les déposa entre les mains de l'Empereur. Elles sont aujourd'hui conservées par le gouverneur de l'Hôtel, son Excellence le maréchal comte d'Ornano.

DESCRIPTION DES OBJETS PLACÉS DANS LE RELIQUAIRE.

L'épée d'Austerlitz est l'arme que l'empereur Napoléon Ier portait habituellement et qu'il a portée jusqu'à sa mort. Sur la lame on distingue encore ces mots qu'il y avait fait inscrire : *Épée que portait l'Empereur à la bataille d'Austerlitz* 1805. La partie touchant la garde est ornée de dessins en or incrustés sur la lame, dont la forme est celle d'un carrelet. — En remontant, à partir de la garde, sur la plus large face, on voit, au milieu de ces dessins, une tête de sanglier, une tête de cheval et un B. — La lame porte en plusieurs endroits des traces d'oxydation dont le graissage a arrêté les progrès. — La garde, tout entière en or, n'a qu'une coquille rabattue sur le côté extérieur de la lame et est richement ciselée. — Au pommeau, sur le côté extérieur, est un casque. — Sur le milieu de la poignée (même côté) on voit une tête d'Alexandre, coiffée d'une peau de lion, et sur la coquille rabattue la tête de César. — Le quillon est terminé par une petite tête de lion. — Au pommeau, sur le côté intérieur, est un hibou. — Sur le milieu de la poignée (même côté) une tête d'Alexandre, coiffée d'un casque sur lequel on distingue un homme à cheval. — Sur la partie intérieure du quillon, on lit ces mots : *Biennais, orfèvre du Premier Consul.* — La garniture du haut du fourreau en or, est ornée, sur sa face extérieure, de dessins à palmette et le bouton porte une tête de cheval. — La face intérieure de ladite garniture est polie; au bas se trouve gravé le numéro 2. — Le cuir du fourreau a beaucoup souffert; il est écaillé en plusieurs endroits. — Le bout de la garniture du fourreau, également en or, est ciselé. — Au milieu, sur la face extérieure, on voit un soleil encadré. — L'extrémité du bout est en acier. — L'épée entière, depuis l'extrémité supérieure du pommeau jusqu'à la pointe de la lame, a 0,86 de longueur, — la garde en a 0,13, — le fourreau 0,77, — la lame ne s'enfonce pas jusqu'au bout par suite du retrait du cuir.

Le chapeau d'Eylau est une coiffure de celle appelée à trois cornes, de la plus grande simplicité, faite pour être portée de la façon dite en bataille ou en travers de la tête; il est garni d'une ganse et d'un bouton de soie noire ainsi que d'une petite cocarde tricolore et doublé de soie.

Les décorations de l'ordre de la Légion d'honneur remises par M. Sapey, offertes à la France par le roi Joseph et portées par Napoléon, sont pareilles à celles du modèle réglementaire adopté pour ces insignes : elles n'ont rien de particulier; leur mérite consiste dans le souvenir qu'elles retracent.

Nous croyons inutile de donner la description des autres objets dont l'hôtel des Invalides n'est plus en possession.

TOMBEAUX QUI SE TROUVENT DANS LA PARTIE DE L'ÉGLISE DES INVALIDES QU'ON APPELLE LE DOME.

Tombeau de l'Empereur. — Le 12 mai 1840, le ministre de l'intérieur, M. de Rémusat, monta à la tribune de la Chambre des députés pour annoncer que le roi avait donné l'ordre à S. A. R. le prince de Joinville de se rendre à Sainte-Hélène, avec sa frégate *la Belle-Poule*, d'y prendre les dépouilles mortelles de l'Empereur Napoléon Ier et de les rapporter en France. Le ministre demandait en même temps qu'on ouvrît un crédit au gouvernement pour les frais d'une réception et d'un tombeau à construire à l'hôtel des Invalides. Le prince de Joinville quitta la France le

7 juillet, et le 30 novembre son bâtiment mouillait à Cherbourg avec les dépouilles précieuses du Grand capitaine, qui reposait dans six cercueils : le premier en fer-blanc, le second en acajou, le troisième en plomb, le quatrième en plomb, le cinquième en ébène, enfin le sixième en chêne. Le 15 décembre 1840, les cendres arrivaient à Paris au milieu d'un concours prodigieux, et étaient reçues aux Invalides avec une pompe, une solennité inusitées jusqu'à ce jour. On élevait son catafalque où le cercueil resta jusqu'au 6 février 1841, jour où on le transporta dans la chapelle Saint-Jérôme, tombeau provisoire de l'Empereur.

Il avait été décidé que le tombeau définitif serait sous le dôme même de l'église des Invalides, dans une crypte souterraine, qu'un autel spécial serait consacré aux services pour le repos de l'âme de l'Empereur. Le monument fut mis au concours, sous la condition expresse d'*une crypte souterraine*. L'architecte Visconti fut chargé de l'exécution du tombeau et du piédestal de la statue; Marochetti, de la statue équestre, à laquelle on renonça plus tard et qui ne fut pas faite; Simare, des bas-reliefs; Pradier, des douze cariatides représentant les douze principales victoires de l'Empire; Duret, des deux colossales statues persiques en bronze, placées à l'entrée de l'escalier par lequel on descend à la crypte, et portant les attributs impériaux. Ce monument, élevé par la France au chef de la dynastie na-

poléonienne, demanda plus de douze ans pour être
achevé. Pendant ce temps, le prince Jérôme, gouverneur réel ou honoraire de l'hôtel des Invalides,
(de 1849 à l'époque de sa mort), vint souvent visiter
les travaux. Terminé en 1855, ce ne fut qu'en 1861,
le 2 avril, en présence de LL. MM. l'Empereur et
l'Impératrice, de LL. AA. le Prince Impérial, le prince
Napoléon, le prince Murat et des grands dignitaires de
la Couronne, que le cercueil de Napoléon Ier fut transporté de la chapelle Saint-Jérôme dans le cénotaphe
de porphyre où il se trouve aujourd'hui, sans que
cette cérémonie donnât lieu à aucune solennité militaire ou religieuse.

En tête du cénotaphe, sous la crypte, est le reliquaire, petite chapelle de forme elliptique dont les
parois sont en marbre noir, et au fond de laquelle se
trouve une belle statue de Napoléon, de deux mètres
soixante-six centimètres de hauteur, en marbre blanc.
Cette statue, d'un beau travail, exécutée par Simare,
représente l'Empereur en costume du sacre, tenant
d'une main le sceptre, de l'autre le globe. C'est aussi
dans ce reliquaire, sur un coussin de bronze doré,
que sont placés les objets précieux ayant appartenu
à Napoléon Ier.

Malheureusement ce reliquaire, que le public eût
visité avec tant de bonheur, ces objets précieux que
chacun eût voulu contempler, se dérobent à la vue,
car on n'est pas admis à descendre dans la crypte
souterraine.

Tombeau du roi Jérôme. — A gauche, en entrant dans le dôme par la cour Vauban, on trouve la chapelle Saint-Jérôme, où le cercueil de l'Empereur resta de 1843 à 1861. Aujourd'hui cette chapelle est consacrée à la sépulture de la famille du dernier des frères de Napoléon Ier. L'ex-roi de Westphalie y repose depuis le 22 juillet 1862, ayant près de lui son fils aîné et le cœur de sa femme, la reine Catherine, qu'il a fait venir de Florence, de son vivant.

Tombeau du roi Joseph. — A droite, en entrant dans le dôme par la cour Vauban, on trouve la chapelle Saint-Augustin, destinée à recevoir le tombeau du roi Joseph, l'aîné des frères de Napoléon Ier, dont les cendres ont été ramenées de Florence en 1861, et au cénotaphe duquel on travaille en ce moment.

Tombeau de Vauban. — Entre les chapelles Saint-Augustin et Saint-Ambroise, on voit le tombeau de Vauban, qui fut élevé à ce grand homme de guerre, l'un des plus célèbres du règne du Grand Roi, par ordre de l'Empereur Napoléon Ier. Le 26 mai 1808, les ministres de la guerre et de la marine, accompagnés de Lepelletier d'Aulnay, ancien officier général, petit-fils de Vauban, déposèrent le cœur du maréchal sous son buste, placé en face du tombeau de Turenne, dans un monument fort simple, mais qui semblait provisoire. Lorsqu'on commença les travaux du tombeau de l'empereur Napoléon Ier, en 1842, on démolit le monument de Turenne, et M. Etex fut chargé d'élever celui qui existe aujourd'hui. La composition a un caractère à la fois de grandeur et de simplicité remarquable.

Tombeau de Turenne. — En face le tombeau de Vauban, entre les chapelles Saint-Jérôme et Saint-Grégoire, se trouve le tombeau de Turenne. Lors de la violation des tombes de Saint-Denis, le corps de Turenne avait été transporté aux Petits-Augustins. Le 22 septembre 1800, par ordre du Premier Consul, et en sa présence, les dépouilles mortelles du plus grand des généraux de Louis XIV furent déposées, avec solennité, sous le dôme de l'église Saint-Louis aux Invalides. Après une cérémonie imposante et un discours de Carnot, ministre de la guerre, ces dépouilles furent placées dans le monument qui les renferme aujourd'hui.

Tombeau de Duroc. — A l'entrée de la crypte souterraine qui mène au sarcophage, à gauche, en regardant la crypte, on a élevé à *Duroc* duc de Frioul, grand-maréchal du palais, l'ami du grand homme, un monument funèbre sous lequel ses cendres reposent depuis le 5 mai 1847.

Tombeau de Bertrand. — En face le tombeau de Duroc, on a élevé pour le compagnon de captivité de Napoléon à Sainte-Hélène, le grand-maréchal du palais Bertrand, un monument identique à celui du duc de Frioul. Ces deux tombeaux ont été construits par l'architecte du tombeau de l'Empereur, Visconti.

Le 5 mai 1847, à la suite de la messe commémorative, le corps de Bertrand y a été placé.

Ces deux fidèles serviteurs de Napoléon semblent, du fond de leur cercueil, veiller encore sur le Grand homme dont ils sont les sentinelles avancées.

Outre ces monuments funèbres, les caveaux de la chapelle Saint-Jérôme, dans le dôme, renferment les corps des victimes de l'attentat Fieschi (28 juin 1835). En voici la liste exacte :

Le maréchal Mortier, duc de Trévise.

De la Chasse de Vérigny, maréchal-de-camp.

Rieussec, colonel de la garde nationale.

Raffé, colonel de la garde nationale.

Villatte, capitaine d'artillerie.

Prudhomme, sergent de la garde nationale.

Ricard, grenadier de la garde nationale.

Benetter, grenadier de la garde nationale.

Léger, ingénieur.

Labrouste, receveur des contributions.

Juglar, employé dans le commerce.

Ardoin, journalier.

Femme Langorai, née Briot.

Demoiselle Remi.

IV.

OBJETS QUI SE TROUVENT A LA SALLE DU CONSEIL. — LE CADRE DE SAINTE-HÉLÈNE. — L'ENVELOPPE DU CERCUEIL DE L'EMPEREUR. — LES BUSTES ET PORTRAITS DES SOUVERAINS ET GOUVERNEURS. — LE SPÉCIMEN DES DRAPEAUX DES ARMÉES FRANÇAISES. — LE SPÉCIMEN DE LA STATUE ÉQUESTRE DE LOUIS XIV.

Le local qu'on appelle la salle du Conseil, situé à à côté de la bibliothèque, au second étage, sur la partie droite de la façade en regardant l'esplanade, se compose de trois pièces : la première irrégulière et formant antichambre, la seconde qui est une sorte de salle d'attente, la troisième plus vaste et où se tiennent les conseils d'administration de l'Hôtel.

Dans le fond de la première pièce, près de la fenêtre, on a placé le cadre de Sainte-Hélène, et au-dessous l'enveloppe du cercueil de l'Empereur.

Le cadre de Sainte-Hélène renferme une collection de plantes, de petits objets, de feuilles, de souvenirs de Sainte-Hélène, recueillis et rapportés de cette île, devenue célèbre par son hôte illustre. Tous ces objets, enfermés dans un grand cadre en bois noir et le cadre lui-même, furent offerts en 1855 au roi Jérôme, alors gouverneur des Invalides, qui s'empressa d'en faire hommage à ses vieux compagnons de gloire. Ce tableau tout allégorique, imaginé par un officier du 16e léger, M. de Goy, qui revenait avec son régiment des colonies et relâchait à Sainte-Hélène en 1836, contient : une branche prise au saule pleureur qui s'élève près du tombeau, et sous lequel l'Empereur se reposait souvent ; un éclat de la pierre tumulaire ; une fleur de chiendent recueillie dans les interstices des trois pierres qui recouvraient le cercueil ; une feuille de géranium cueillie dans la vallée du tombeau appelée à Sainte-Hélène Vallée des Géraniums ; une fougère provenant de la fontaine ; une feuille de mûrier sauvage ; les feuilles d'un chêne planté par Napoléon, à l'entrée de Longwood ; une branche d'un cyprès voisin de ce chêne ; un fragment de la bordure de la salle à manger de l'Empereur ; une pièce de monnaie frappée à Sainte-Hélène à l'époque de la mort de Napoléon ; un fragment de la boiserie de la chambre où est mort le grand homme ; un fragment de la tapisserie de la même chambre ; un fragment du bois d'un gommier de Longwood ; un roseau de la fontaine ; une feuille d'oranger du jardin de Longwood ; un fragment de la tapisserie de la salle des bains ; de l'eau puisée à la fontaine où l'Empereur allait quelquefois se désaltérer ; de la terre prise sous l'une des pierres du cercueil ; un morceau du grand cordon et un de celui de la Couronne de Fer portés par Napoléon pendant la campagne de 1814.

On voit d'après cela que ce cadre est tout un pieux souvenir.

L'enveloppe du cercueil. — Au-dessous du cadre de Sainte-Hélène on a placé l'enveloppe qui recouvrait sur la frégate *la Belle-Poule* le cercueil dans lequel reposait le corps de Napoléon. Elle est à galerie avec quatre aigles en relief aux quatre coins, et sur le milieu on lit gravé en lettres d'or : « 8 et 9 décembre 1850, — De Cherbourg au val de La Haye. — Ici ont reposé les restes mortels de l'Empereur Napoléon lors de leur translation de Sainte-Hélène par la frégate *la Belle-Poule*, sous le commandement de S. A. R le prince de Joinville. » Au-dessous on voit gravée l'image du tombeau à Sainte-Hélène, et un petit morceau incrusté de bois du cercueil.

Spécimen des drapeaux des armées françaises et de ceux pris à l'ennemi. — Le 22 janvier 1846, un artiste peintre, M. Pernot, qui avait fait des recherches sur les drapeaux, guidons, étendards, insignes militaires de toute nature en usage dans les armées françaises de Clovis à nos jours, écrivit au duc de Reggio, alors gouverneur des Invalides, pour lui dire qu'il avait retrouvé, dans un livre précieux, l'image de cinq cents des drapeaux pris sur l'ennemi sous Louis XIV, sous Louis XV et sous Louis XVI, et brûlés en 1815 aux Invalides. Il offrait les dessins de ces drapeaux à l'Hôtel où avaient existé si longtemps les

trophées détruits. C'était, à défaut des drapeaux eux-
mêmes, un souvenir précieux pour les vieux soldats
et pour la France. Le duc de Reggio soumit la proposition au conseil d'administration. Elle fut acceptée.
Une demande adressée au ministre ayant été accueil-
lie favorablement, cent quatre cadres renfermant le
spécimen des bannières de la monarchie française et
celui des drapeaux conquis furent transportés du dépôt de la guerre où ils se trouvaient alors, à l'Hôtel
des Invalides, en mars 1848. La collection fut com-
plétée à la fin de mai de la même année par dix autres cadres. Cette collection, qui serait des plus
curieuses si elle pouvait être sans lacune, avait été
destinée dans le principe à orner les salles du Musée
d'artillerie. On fut d'abord un peu embarrassé, aux
Invalides, pour trouver un local dont l'accès pût
être permis au public, et assez vaste pour contenir les
cent quatorze cadres. On leur donna une sorte d'hos-
pitalité dans la salle d'assemblage des plans-reliefs.
On en descendit ensuite cinquante-quatre dans la
galerie attenante aux grands appartements du maréchal gouverneur, et l'on mit les autres cadres, au
nombre de soixante, dans la salle formant l'antichambre de la salle du Conseil. On cherchait cependant un local pour réunir cette collection et la présenter dans un ordre chronologique aux nombreux
visiteurs de l'Hôtel. On proposa d'affecter à cet usage
la galerie qui règne le long des appartements du général commandant; mais la dépense nécessaire à

l'appropriation fit rejeter ce projet. Cependant le maréchal prince Jérôme Bonaparte ayant été nommé gouverneur en 1849, et désirant placer dans sa galerie des tableaux de famille et des objets d'art, les soixante cadres de M. Pernot furent enlevés. Aujourd'hui, depuis que le comte d'Ornano est gouverneur, ces cadres ont repris leur place dans cette galerie. Les cinquante-quatre autres sont toujours dans l'antichambre du Conseil d'où ils n'ont pas bougé.

Tableaux, portraits, bustes. — L'Hôtel des Invalides a été longtemps et à diverses époques en possession d'objets d'art nombreux et ayant une valeur considérable. La demeure des vieux soldats s'est vu enlever à différentes reprises ces objets précieux, soit à la suite des révolutions, soit parce que l'on n'avait pas un local convenable pour les placer, soit parce que leur entretien paraissait trop dispendieux.

Jusqu'à la révolution de 1793, l'Hôtel a conservé les objets d'art qu'il avait reçu en don, soit des souverains, soit des particuliers.

Au moment de l'émigration, le prince de Condé, avant de quitter la France, voulant sauver de la destruction plusieurs toiles précieuses relatives au Grand Condé, son aïeul, en confia le dépôt aux Invalides. Ces toiles, qui sont celles des batailles de *Lens*, par Casanova, de *Fribourg*, par le même, de *Rocroy*, par Le Paon, de *Nordlingue*, par le même, furent rendues à la famille en 1816, sur la réclamation du prince.

Sous la période impériale, le nombre des objets précieux s'augmenta de dons faits par l'Empereur. Ainsi en 1813, le 7 juin, ce monarque envoya à l'Hôtel un tableau de Veron Bellecourt, acquis au prix de 3,000 francs, et qui avait obtenu la médaille d'or à l'Exposition de 1812. Il représente Napoléon visitant les salles de l'infirmerie aux Invalides. Après la révolution de 1830, lorsque le roi Louis-Philippe décida la création du Musée de Versailles, ce tableau fut enlevé de l'Hôtel et placé au nouveau Musée où il se trouve aujourd'hui.

L'Empereur Napoléon Iᵉʳ visitait souvent l'Hôtel des Invalides; il tenait à embellir ce magnifique établissement qu'il avait richement doté; cependant son buste en marbre n'était pas encore dans la salle des délibérations en 1812, lorsque le général Darnaud, en l'absence du gouverneur, fit sentir au conseil l'inconvenance de cette lacune.

Cette même année 1812, l'Empereur ayant donné des ordres pour redorer la lanterne du dôme, prescrivit des recherches pour savoir ce qu'étaient devenues quatre colossales statues en plomb qui, avant 1793, étaient posées sur l'entablement des colonnes de cette lanterne. On acquit la presque certitude qu'à la révolution elles avaient été jetées en bas et fondues pour faire des balles. Ces statues représentaient *la Force, la Justice, la Charité, la Prudence*. L'Empereur décida qu'elles seraient rétablies, et l'on traita avec M. Roxhiel pour la fonte et la pose, le 27 novembre 1812. L'artiste s'engageait à les livrer et à les poser dans l'espace d'une année, moyennant une somme de 53,000 francs. Le poids de chacune d'elles ne devait pas dépasser de 2,500 livres.

L'exécution du projet de l'Empereur fut différé par la Restauration. Les statues furent livrées ; mais on objecta pour leur placement les difficultés du montage, les frais pour l'échafaudage, et enfin on fit valoir comme dernière considération qu'on n'était pas assez sûr de l'état du bois composant les parties sur lesquelles les figures devaient reposer pour ne pas craindre d'être entraîné à des dépenses considérables. Les statues furent alors abandonnées dans les magasins de l'Hôtel. L'une d'elles s'affaissa de son propre poids. On demanda 1,100 francs pour la réparer. En 1822, on chercha un emplacement pour les statues ; on en proposa plusieurs. En 1833, ces figures colossales, devenues gênantes dès l'instant où l'on ne voulait plus leur donner leur destination première, étaient toujours à l'Hôtel. On les offrit avec d'autres objets d'art aux Musées impériaux qui les refusèrent, et enfin en 1838 on les versa au domaine.

A la seconde Restauration, en 1816, tout ce qui représentait un souvenir de l'ère impériale dut disparaître des monuments publics. Le 24 mars, l'ancien ministre de la guerre de Napoléon Ier, Clarke, duc de Feltre, alors ministre de Louis XVIII, écrivit aux membres du conseil d'administration de l'Hôtel :
« Messieurs, en conformité des mesures déjà prises

relativement aux tableaux et *bustes représentant Bonaparte* qui se trouvaient dans les palais de la couronné, j'ai décidé que ceux qui existent encore à
l'Hôtel royal des Invalides seraient déposés *dans les
magasins du Musée.* »

Quelques jours plus tard, le conseil fut autorisé à
faire l'acquisition de trois tableaux, portraits en pied
des rois Louis XIV, Louis XV et Louis XVI. Ces
portraits ne furent pas achetés par l'Hôtel, mais ils
furent donnés de 1823 à 1825, par S. M. Louis XVIII,
au gouverneur des Invalides. Le roi donna en même
temps son propre portrait. Plus tard, l'Hôtel reçut
celui de Charles X et un buste de marbre de Pisani.
Tous ces objets d'art, ainsi que nous le dirons plus
bas, furent en 1833 et 1834 versés à la direction
générale des Musées royaux.

Avant de pousser plus loin cette notice historique,
nous devons indiquer qu'en 1811, lors de l'installation
de la salle du conseil aux Invalides, il fut décidé que
les portraits des gouverneurs de l'Hôtel y seraient
placés. Le 26 mars 1822, le roi Louis XVIII prit une
nouvelle décision en vertu de laquelle les portraits
des maréchaux de France décédés devaient être successivement transférés à l'Hôtel pour y être appendus
dans une salle disposée à cet effet, et en attendant la
création de cette salle, pour être mis à celle dite du
Conseil. Voilà pourquoi on trouve à l'Hôtel les portraits d'un certain nombre de maréchaux qui n'ont
jamais été gouverneurs de cet établissement.

Le 7 octobre 1814, M. Cartellier, statuaire, fut chargé de l'exécution ou plutôt du rétablissement en pierre de Conflans du bas-relief représentant la statue de Louis XIV, sur le fronton de la porte de l'Hôtel, telle qu'elle avait été faite par Coustou en 1755. Une somme de 14,000 francs fut allouée pour cet objet au statuaire. Ce bas-relief existe aujourd'hui tel qu'il a été fait à cette époque.

Avant 1795, les portraits en pied des ministres qui s'étaient succédé au portefeuille de la guerre depuis Louvois, avaient été religieusement conservés à l'Hôtel. Ils disparurent à la révolution. En 1821, on songea à les y rétablir. M. Saintonge le premier, offrit le portrait du duc de Choiseul.

Le 15 décembre de la même année, le ministre de la guerre écrivit au conseil d'administration de l'Hôtel de faire peindre le portrait du duc *de Montebello*, dont la statue, dans le principe, devait être placée sur un socle élevé, au milieu de la grande cour d'honneur. Le portrait du duc de Montebello était une copie de celui de Girard peint pour les Invalides, et qui avait été longtemps à l'Hôtel.

Au nombre des tableaux vraiment précieux qui se trouvaient à l'Hôtel des Invalides depuis de longues années et qui avaient échappé aux révolutions, il y en avait en 1827 six représentant les siéges de Namur et de Mons. Ils étaient en fort mauvais état. Le conseil d'administration s'en émut, demanda et obtint de les faire réparer.

Au commencement de cette même année 1827, l'Hôtel fit pour la Bibliothèque l'acquisition d'un buste du roi Charles X, buste en marbre dû au ciseau de M. Bra, et qui fut enlevé en 1830. Celui du roi Louis XVIII avait été acheté en 1822.

La révolution de juillet fit disparaître de l'Hôtel tout ce qui était buste ou portrait des princes de la branche aînée. Ceux de la branche cadette des Bourbons ne tardèrent pas à leur succéder dans l'Hôtel des vieux soldats. Dès le mois d'août 1830, trois sculpteurs, MM. Dieudonné, Foyatier et Dantan jeune, sollicitaient du gouverneur des Invalides, alors maréchal Jourdan, la faveur de lui présenter des bustes du nouveau roi pour qu'il pût faire l'acquisition de l'un d'eux en faveur de l'Hôtel. Deux bustes furent en effet achetés pour les Invalides, mais tous deux en plâtre, l'un pour l'appartement du gouverneur, l'autre pour la salle du Conseil.

En 1832, ainsi que nous l'avons dit plus haut, et à la suite des réclamations faites pour la toile de David (*Passage du mont Saint-Bernard*), le roi envoya aux Invalides le portrait de Napoléon Ier, par Ingres (1). En outre, on remit à cette époque à l'Hôtel plusieurs portraits de *maréchaux* empruntés pour la salle qui porte ce nom aux Tuileries, et dont on avait fait faire des copies.

L'année suivante, le 20 septembre, le duc de Dalmatie, alors ministre de la guerre, écrivit au maréchal

(1) Peint en 1806.

Jourdan, gouverneur des Invalides : « J'ai lieu de croire qu'il existe à l'Hôtel des tableaux et autres objets d'art qui, à défaut d'emplacement convenable ou pour tout autre motif, restent sans emploi, et sont, par conséquent, à raison de cet état d'abandon, exposés à une dégradation plus prompte. Désirant dans l'intérêt des arts leur donner une destination utile, je vous serai obligé d'en faire dresser le plus promptement possible l'état détaillé, et de vouloir bien me le transmettre. »

C'était la vérité. A la suite de cette lettre et pour obéir aux injonctions du ministre, le 16 novembre 1835, l'Hôtel remit à la disposition des Musées royaux les objets suivants :

Deux tableaux de batailles peints par le Bourguignon, estimés 1,600 francs.—Un du siége de Namur, de Vandermeulen (5,000 fr.). — Un de Louis XIV, du même peintre (8,000 fr.). — Un de Louis XIV, du même (10,000 fr.). — Un du siége de Luxembourg, du même (15,000 fr.). — Un du siége de Mons, du même (5,000 fr.). — Un du siége de Namur, du même (10,000 fr.). — Un portrait en pied de Charles X, d'après Girard (1,500 fr.). — Quatre statues colossales en plomb, dont une brisée (2,000 f.). — Une statue colossale en marbre, le général Colbert ; — une du général Walhubert ; — une du général d'Hautpoul ; — une du général d'Espagne (toutes les quatre appartenant au ministère de l'intérieur).— Trois statues en plâtre (700 fr.).— Un bas-

relief en plâtre (300 fr.). — Deux en plâtre représentant deux anges (100 fr.). — Deux, représentant
les quatre Évangélistes (200 fr.). — Un bas-relief en
marbre, le passage du Rhin par Louis XIV (5,390 fr.).
— Une statue en bronze, le dieu Mars, envoyée sous
la révolution lorsque l'Hôtel prit le nom d'École de
Mars (500 fr.).

Le 15 mars 1834, un autre versement fut fait entre les mains de l'intendant-général de la liste civile.
Il se composait des portraits des maréchaux décédés,
portraits déposés aux Invalides, savoir : De Lannes,
estimé 2,000 fr. ; — de Bessières (1,500 fr.); — de
Berthier (2,000 fr.); — de Brune (2,000 fr.); —
d'Augereau (3,000 fr.); — de Masséna (3,000 fr.);
— de Clarke (1,500 fr.) — de Pérignon (2,000 fr.);
— de Serurier (2,000 fr.); — de Valmy (2,000 fr,);
— de Lefebvre (2,000 fr.); — de Beurnonville
(1,500 fr.); — du duc de Coigny (3,000 fr.); de
Davout (2,000 fr.); — de Suchet (5,000 fr.); —
de Ney (5,000 fr.); de Lauriston (4,000 fr.); de
Gouvion Saint-Cyr (4,000 fr.); — du marquis de
Viomesnil (3,000 fr.). Les statues en marbre des
quatre généraux étaient estimées 100,000 fr,

Voici d'où provenaient ces statues. En 1812, l'Empereur avait ordonné l'exécution de douze statues
colossales de douze généraux de division tués sur le
champ de bataille. Douze artistes en avaient été chargé,
et chacune d'elles leur était payée 25,000 fr. Elles
devaient être placées sur le pont de la Concorde.

Comme il ne se trouvait alors que cinq blocs de marbre à Paris, on ne put commencer que cinq de ces œuvres d'art. On fit donc celles des généraux Roussel, d'Espagne, d'Hautpoul, Hervo et Walhubert. La Restauration arriva ; le projet n'eut pas de suite, et les statues faites restèrent aux Invalides, mais deux n'étaient pas terminées.

Beaucoup de ces objets d'art auraient pu trouver une place convenable à l'Hôtel, mais le gouvernement pensa sans doute qu'ils seraient mieux encore au Musée de Versailles.

En 1835, le ministre de la guerre, par décision prise le 6 décembre, fit remettre à l'Hôtel le modèle en plâtre de la statue colossale dont nous parlerons à l'article Bibliothèque. Cette statue, évaluée 6,000 fr., est du sculpteur Seurre, qui désira l'offrir aux Invalides.

Cependant les vieux soldats devaient éprouver un sentiment pénible en voyant qu'on leur enlevait les portraits des chefs qui si souvent les avaient menés au combat. Ce sentiment devint tellement vif, que le général Fririon, commandant l'Hôtel, crut devoir en informer le ministre. Le roi prévenu donna ordre de faire exécuter des copies de ces portraits.

En 1840, les portraits des rois Louis XV, Louis XVI et Louis XVIII, donnés à l'Hôtel, furent encore versés au Musée de Versailles, et le roi Louis-Philippe fit don du sien pour la Bibliothèque. Il envoya en outre, bientôt après, son buste en marbre pour la salle du Conseil.

Vers la même époque, l'Hôtel s'enrichit d'un beau buste en marbre de Napoléon Iᵉʳ, du sculpteur Bosio. Ce buste, acquis par les Invalides en 1813 au prix de 2,000 francs, retiré en 1816, lui fut rendu le 22 décembre 1840.

De 1840 à 1846, le conseil obtint du ministre l'autorisation d'acquérir plusieurs portraits, ceux de Guibert, peint par Jules Vannier, du comte d'Ormoy, de Berruyer, de Louvois, de d'Azémar de Pannat comte de Lasserre, des maréchaux Jourdan et Serurier, du marquis de Latour-Maubourg, du duc de Coigny, tous anciens gouverneurs. En outre, on fit compléter l'ornementation de la salle du Conseil par un dessus de porte renfermant les portraits de Libéral Bruant et de Mansard, les deux grands architectes de ce bel établissement.

Aujourd'hui, cette salle du Conseil et la pièce qui se trouve avant elle, renferment les portraits suivants, placés comme nous allons le dire :

1° Dans la première salle : à côté de la fenêtre, Masséna et Clarke ; — au-dessous, Moncey (gouverneur en 1833), — d'Espagnac (gouverneur, 1766). — Tout récemment la famille du baron Sahuguet d'Espagnac a fait don à l'Hôtel d'une jolie photographie représentant le gouverneur remettant de la part du roi, des lettres de grâce à un invalide condamné à mort pour avoir insulté un officier. — Oudinot (gouverneur, 1842), — Lannes, — Gouvion Saint-Cyr. — Au-dessus de la cheminée : Beurnonville, —

Victor, — duc de Broglie, — Kellermann. — Du côté de la porte d'entrée : Bessières, — Pérignon, — Suchet, — Augereau, — Lauriston, — Brune, — Ney, — Lefebvre. — Près de la fenêtre : Davout, — Berthier.

2° Dans la grande salle ou salle du Conseil : en face de la fenêtre, Lemaçon d'Ormoy (premier gouverneur, 1675); — une table contenant les noms des gouverneurs, au-dessous le buste de l'Empereur Napoléon III; — le portrait en pied de Louis XIV, peint par Rigo; — une seconde table contenant les noms des gouverneurs, au-dessous le buste de Napoléon Ier, par Bosio, — le marquis de Louvois. — En face de la cheminée : Jourdan (gouverneur, 1830); — Latour-Maubourg (gouverneur, 1821); — duc de Coigny (gouverneur, 1816); — Serurier (gouverneur, 1804). — Du côté de la fenêtre : le portrait en pied de Napoléon Ier, par Ingres; — le buste en marbre du prince Jérôme, donné par lui-même. — Du côté opposé à la porte : Berruyer (gouverneur, 1797); — Sombreuil (gouverneur, 1786) (donné par la famille); — Guibert (gouverneur, 1785); — comte de Lasserre (gouverneur, 1755).

Au-dessus de la porte les portraits de Libéral Bruant et de Mansard. Voici la liste complète des gouverneurs qui se sont succédé à l'Hôtel :

De 1675 à 1678, François Lemaçon, seigneur d'Ormoy; — de 1678 à 1696, André Blanchard, seigneur de Saint-Martin; — de 1696 à 1705, Nicolas des Roches d'Orange, maréchal-des-logis de cavalerie; — de 1705 à 1728, Alexandre de Boyveau, ancien capitaine au régiment de Bourgogne ; — de 1728 à 1750, Eugène de Beaujeu, maréchal des camps et armées du roi ; — de 1750 à 1758, Pierre de Wisseeq de Gange, ancien lieutenant-général ; — de 1758 à 1742, Jean-Marie Cornic de Courneuve, mestre-de-camp ; — de 1742 à 1755, François d'Azémart de Pannat, comte de Lasserre, lieutenant-général ; — de 1766 à 1785, Jean-Joseph de Sahuguet, baron d'Espagnac, lieutenant-général ; — de 1785 à 1786, Charles-François Vireau, marquis de Sombreuil, lieutenant-général ; — de 1786 à 1795 (interrègne) ; — de 1795 à 1796 (commissaires civils) ; — en 1796, Louis-Adrien de Montigny, général de division : — de 1796 à 1797, Armand Baville, général de brigade ; — de 1797 à 1804, Jean-François Bertuyer, général de division ; — de 1804 à 1816, le maréchal Serurier ; — de 1816 à 1821, le maréchal Franquetot, duc de Coigny ; — de 1821 à 1850, le lieutenant-général marquis de Latour-Maubourg, ancien ministre de la guerre ; — de 1850 à 1833, le maréchal Jourdan ; — de 1853 à 1842, le maréchal Moncey, duc de Conégliano ; — de 1842 à 1847, le maréchal Oudinot, duc de Reggio ; — de 1847 à 1849, le maréchal Molitor ; — de 1849 à 1855, le maréchal Jérôme Bonaparte, ex-roi de Westphalie, frère de Napoléon Ier ; — en 1855, Arrighi de Casanova, duc de Padoue, général de division ; — depuis 1855, le maréchal comte Philippe d'Ornano, 25e gouverneur.

On voit d'après cette liste qu'il manque encore plusieurs portraits à la collection de ceux des gouverneurs.

Dans la salle qui précède celle du Conseil, devant la cheminée, on devait placer une jolie statue en plâtre, modèle sur une échelle moindre de la grande statue équestre de Louis XIV, exécutée par le sculpteur Ruggi. Ce charmant spécimen a été offert par la veuve de l'auteur au gouverneur des Invalides, pour l'Hôtel, en 1865 ; il est à la bibliothèque.

En 1862, le maréchal comte d'Ornano a également accepté de M. Planat de la Faye, ancien officier d'ordonnance de l'Empereur Napoléon Ier, un beau portrait du prince Eugène, vice-roi d'Italie, portrait que M. Planat tenait de la reine de Suède, fille du prince. Ce portrait est dans les appartements particuliers du gouverneur.

Les gouvernements qui se sont succédé depuis un demi-siècle en France ont eu à plusieurs reprises la pensée de faire établir au milieu de la cour d'honneur la statue colossale de quelque grand homme. Cette idée a toujours été repoussée par la crainte de nuire à la régularité de l'édifice.

En 1804, on établit un piédestal pour y poser les quatre chevaux de Venise. En 1810, on construisit un autre piédestal de marbre pour recevoir la statue équestre du duc de Montebello. Ce piédestal fut démoli en 1815. En 1828, on proposa d'élever dans cette cour la statue du prince de Condé. Enfin on songea plus tard, après 1830, aux statues des généraux Espagne et Colbert. Les architectes de l'Hôtel ont toujours fait des objections dont la justesse a fini par être reconnue et admise.

V

OBJETS QUI SE TROUVENT A LA BIBLIOTHÈQUE, SAVOIR : LE BOULET DE TURENNE. — LE SPÉCIMEN DE LA COLONNE VENDOME. — LES LIVRES PRÉCIEUX. — LES MÉDAILLES. — LE PLAN EN RELIEF DE L'HOTEL. — LES TABLEAUX.

La Bibliothèque de l'Hôtel des Invalides, fondée en 1800, se trouve dans une vaste et belle pièce occupant, au second étage, le centre de la grande façade.

Elle contient 16,957 volumes et 692 feuilles de cartes géographiques ou topographiques, plus 149 manuscrits. Les volumes sur la théologie sont au nombre de 664; ceux traitant de la jurisprudence, au nombre de 792; il y en a 2239 pour les sciences et les arts, 5,185 pour les lettres, et enfin 7,685 ayant trait à l'histoire générale et particulière, ancienne et moderne de tous les pays du monde.

Cette magnifique collection, placée dans un beau local, est à la disposition de tous les militaires invalides, tous les jours de neuf heures du matin à trois heures du soir. Pas un étranger qui ne visite cette bibliothèque.

Boulet de Turenne. — Au fond, à droite en entrant, derrière un grand plan-relief de l'Hôtel, au-dessous du tableau représentant le Premier Consul au passage du mont Saint-Bernard, on trouve encadré, sous un globe, un objet des plus curieux, c'est le boulet qui a tué Turenne, la statuette de ce maréchal et les flambeaux qu'il avait toujours sous sa tente en campagne.

On sait que le même boulet qui frappa le maréchal de Turenne emporta le bras de Saint-Hilaire, son ami, et que le fils de ce dernier s'étant mis à gémir de la blessure de son père, Saint-Hilaire lui dit, en montrant Turenne : « Ce n'est pas moi qu'il faut pleurer, mais ce grand homme. »

Le boulet fut recueilli et envoyé à la famille du maréchal, conservé précieusement dans cette famille, celle des ducs de Bouillon, ainsi que les flambeaux placés habituellement dans la tente de Turenne. A ces souvenirs historiques, auxquels on attachait un grand prix, l'on ajouta une statuette équestre or et argent représentant le maréchal. Après la mort du dernier duc de Bouillon, arrivée pendant la révolution de 1789, sa veuve épousa en émigration un compatriote, M. Hay de Slade, dont elle eut un fils. Ce fils entra au service en 1814, dans les gardes-du-corps, donna sa démission en 1830 et mourut en 1848 sans s'être marié. Il légua par testament olographe le petit monument sur Turenne à l'Hôtel des Invalides, qui possédait déjà le tombeau du maréchal.

Le boulet pèse 1 kilog. 510, son diamètre est de 0m07.

Les deux flambeaux sont en argent doré, ils ont 0m155 de hauteur et 0m147 de diamètre à leur pied; — ils pèsent près de 400 grammes chacun.

La statuette, placée sur un petit socle, a 85 millimètres de hauteur; — elle pèse 104 grammes. — Le cheval et son harnachement, le bâton et la tête du maréchal sont en argent oxydé, le corps de Turenne et le sous-gorge du cheval sont en or.

Spécimen de la colonne Vendôme. — Le 2 décembre 1857, le prince Jérôme-Napoléon, gouverneur honoraire des Invalides, fit don à l'Hôtel Impérial d'une reproduction exacte, en bronze galvanisé, de de la colonne de la Grande-Armée. Un modèle semblable se trouve au palais des Tuileries, dans un des petits salons situés derrière la salle des maréchaux.

La colonne de la place Vendôme, élevée après la campagne d'Ulm et d'Austerlitz avec les canons pris à l'ennemi, est composée de 76 bas-reliefs représentant les faits les plus considérables de la première campagne de la Grande-Armée, de la levée du camp de Boulogne à la paix de Presbourg. Voici les sujets de ces bas-reliefs, curieux à étudier sur le spécimen, ce qui ne saurait être fait sur la colonne même à cause de son élévation.

L'armée navale rentre dans le port de Boulogne.

Quatre corps partent de cette ville et marchent sur le Rhin.

Trois nouveaux corps d'armée prennent la même direction.

L'Empereur se rend au Sénat.

Le deuxième corps passe le Rhin à Mayence.

Le troisième passe le Rhin à Manheim.

Le quatrième passe ce fleuve à Spire.

Le sixième le traverse à Dourlach.

Le cinquième et la cavalerie à Kehl.

L'Empereur passe le fleuve sur le pont de Kehl.

L'Électeur de Bade vient recevoir Sa Majesté.

L'Électeur de Wurtemberg reçoit l'Empereur à Louisbourg.

Le 6 octobre, le quatrième corps rencontre l'ennemi à Donaverth.

Le 8, le prince Murat bat l'ennemi à Wertingen.

Le même jour, entrée à Wertingen.

Le 9, le quatrième corps entre à Augsbourg.

Passage du Danube à Neubourg.

Prise de Guntzbourg.

L'Empereur distribue des récompenses.

Le 10, l'Empereur arrive à Augsbourg; il harangue le deuxième corps.

Le 13, le quatrième corps arrive devant Memehgen.

Soult prend une division ennemie dans cette ville.

Le 14, six mille Français, cernés à Albeck par vingt-cinq mille Autrichiens, battent l'ennemi et font quinze mille prisonniers.

Le 14, le maréchal Ney force le pont d'Elchingen.

Le même jour, Ulm est investi.

Le 15, l'Empereur arrive devant cette ville.

Attaque et prise de Michels-Berg.

Le 19, prise d'une division ennemie.

Le maréchal Berthier reçoit la capitulation d'Ulm.

Le 20, capitulation d'Ulm.

Le général Mack et dix-huit autres généraux remettent leur épée.

La Victoire inscrit sur un bouclier l'histoire de cette première partie de la campagne.

Le 24, entrée de Napoléon à Munich.

Le 27, le premier corps passe l'Inn.

Le 28, le premier corps passe l'Inn à Müldorf.

Le 29, l'Empereur entre à Braunau.

Le 1er novembre, le premier corps passe la Traun.

Le 2, prise d'Ebersberg.

Le 5, le cinquième corps entre à Lintz.

Murat bat l'armée russe à Ebersberg.

Entrevue de l'Empereur avec l'Électeur de Bavière à Lintz.

Le sixième corps s'empare du Tyrol.

Prise d'Inspruck.

Drapeaux français retrouvés dans cette ville.

Le 9, les réserves de cavalerie entrent à Saint-Polten.

L'Empereur à Molk.

Combats de Krems et de Diernstein.

Murat, avec la cavalerie, entre à Vienne le 13.

Il s'empare, par surprise, du pont sur le Danube.

L'Empereur à Schœnbrunn.

Le 14, les magistrats de Vienne présentent les clefs de la ville à Napoléon.

L'Empereur remet à la députation des maires de Paris les drapeaux pris sur l'ennemi.

Combat d'Hollabrunn.

L'Empereur reçoit à Brun les députés de la Moravie.

Le 23, des reconnaissances arrivent jusqu'à Olmutz.

Davout entre à Presbourg.

L'Empereur fait prendre position à son armée.

Napoléon congédie un parlementaire russe.

Le 1er décembre, l'Empereur visite ses avant-postes.

Le 2, l'Empereur donne ses ordres le matin de la bataille.

Bataille d'Austerlitz.

Des généraux et des soldats russes faits prisonniers sont amenés à l'Empereur.

Une partie de l'armée russe est engloutie sous la glace.

Le 4, les deux Empereurs au bivouac.

Le 6, suspension d'armes.

Les armes de l'arsenal de Vienne sont transportées en France.

Le Ministre des affaires étrangères passe le Danube à Presbourg.

Conférences pour la paix à Presbourg.

Venise rendue à l'Italie.

Ratification du traité; les Électeurs de Bavière et de Wurtemberg sont proclamés rois.

La Garde impériale rentre en France.

Le 27 janvier 1806, l'Empereur rentre à Paris.

Trophées de la campagne.

La Renommée publie le traité de paix de Presbourg.

Livres précieux. — La Bibliothèque possède un grand nombre d'ouvrages précieux et notamment tout ce qui a été publié sur l'Hôtel des Invalides. Elle reçoit en don, soit des particuliers, soit des ministères, des livres destinés à l'enrichir. On évalue à près de 80,000 fr. la valeur des ouvrages. Parmi eux se trouve un livre curieux, c'est un *Graduale et antiphonale ad usum Sancti Ludovici domus regiæ Invalidorum* 1682. On prétend que ce manuscrit, unique en son genre, exécuté sur parchemin velin, avec des vignettes à l'aquarelle d'un travail précieux, a été fait par deux invalides pour l'église de l'Hôtel, qu'il y est resté longtemps, mais qu'on l'en a retiré dans un but de conservation. Il a cependant subi quelque détérioration.

Médaillier. — En avant du plan-relief de l'Hôtel, on a placé un médaillier ou collection des médailles en bronze des rois de France, depuis Pharamond (420) jusqu'à la république de Février (1848).

Plan-relief. — Un très-beau plan-relief, exécuté

à une échelle assez grande pour permettre d'y indiquer tous les détails de l'Hôtel des Invalides, est
placé à droite en entrant dans la Bibliothèque. Depuis
qu'il a été fait, l'Hôtel a subi peu de modifications,
et si ce n'est l'entrée particulière faite pour le Gouverneur du côté du jardin, et une disposition dif-
férente de la cour et du jardin lui-même, on peut
considérer le plan-relief comme d'une exactitude
scrupuleuse.

Tout porte à croire que le plan-relief des Invalides
date de la fondation de l'Hôtel ; car on trouve dans les
archives un document ainsi conçu : « L'église du dôme
est au midi, à l'achèvement de laquelle on travaille
sans désemparer, et dont on a pris la description qui
suit sur le modèle en bois qui est dans l'Hôtel, et qui
coûte à lui seul plus de dix mille écus, que Sa Majesté
a fait faire pour exécuter le grand œuvre, 1685. »
Il est probable que par la suite on termina le plan-
relief total. En 1815, comme cet objet était en assez
mauvais état, il fut envoyé aux ateliers des plans-
reliefs, par ordre du ministre et sur la demande du
Conseil de l'Hôtel, pour être remis à neuf. Le 6 juin
1824, le conservateur de la galerie le fit transporter
tout réparé à la Bibliothèque, où il se trouve ; mais,
en décembre 1857, on le fit encore réparer, et, pour
obvier aux détériorations provenant de l'indiscrète
curiosité des nombreux visiteurs, on l'entoura d'une
grille et on plaça sur les rebords de la table un vi-
trage de verre double, dit de Bohême.

eux tableaux sont aux deux extrémités de la Bibliothèque et forment panneaux. L'un est une copie de celui de David, représentant le Premier Consul franchissant le Saint-Bernard, l'autre est une copie de l'un des portraits de l'Empereur Napoléon III.

Tableau du Premier Consul passant le Saint-Bernard. — A son retour de la campagne de Marengo, le Premier Consul fit exécuter, par le célèbre peintre David, le tableau connu sous le titre de *Passage du Mont-Saint-Bernard*, dans lequel il est représenté à cheval. Ce tableau, commandé pour la bibliothèque des Invalides, instituée et dotée par arrêté du 8 février 1800, y fut en effet placé, bientôt après, dans un encadrement qui avait été ménagé dans la boiserie.

La seconde restauration le fit enlever en 1816 (1) et le fit mettre dans les magasins du Musée. Réclamé tardivement après la Révolution de 1830 par le Conseil des Invalides, alors que déjà le roi Louis-Philippe l'avait fait envoyer à sa galerie de Saint-Cloud, on donna, pour en tenir lieu, un portrait assez médiocre, peint par Ingres, et représentant Napoléon Ier revêtu des insignes et des ornements impériaux.

Celui du passage du Mont Saint-Bernard était d'un plus grand prix pour les vieux soldats de l'Hôtel, dont beaucoup avaient vu le Premier Consul à cheval,

(1) Il avait été enlevé en avril 1814 et replacé en mars 1815 ; puis ôté de nouveau en 1816. Il resta roulé jusqu'en 1832 dans les magasins du Louvre.

et avaient eu le tableau de David longtemps sous les yeux à leur Bibliothèque. On présenta ces observations au roi en 1838 ; mais comme alors l'œuvre de David figurait au musée de Versailles, élevé à la gloire de toutes les armées françaises, on offrit aux Invalides, pour le remplacer, en 1840, une copie du tableau réclamé, copie faite par Rougé, qui fut enfin envoyée à l'Hôtel à la fin d'octobre 1840. Le portrait de l'Empereur Napoléon Ier, par Ingres, qui occupait à la Bibliothèque la place qu'avait eu jadis le Passage du Mont-Saint-Bernard, fut transporté à la salle du Conseil, où il se trouve aujourd'hui, et la copie exécutée par Rougé fut mise dans le panneau où l'original était resté de 1800 à 1816.

Le portrait de Napoléon III, placé en regard du Passage du Mont-Saint-Bernard, est une copie de celui de Winterhalter. Il est à la Bibliothèque depuis le mois de janvier 1856, où il prit la place d'un portrait en pied de Louis-Philippe, fait par le même Winterhalter, portrait donné aux Invalides en 1840 par le roi et qu'on fit disparaître après la Révolution de Février, en sorte que, de 1848 à 1856, le panneau resta inoccupé.

VI

GALERIE DES PLANS ET RELIEFS (historique).

La belle collection des plans en relief des places
fortes de la France, est établie dans les vastes combles qui se trouvent dans la partie ouest de l'hôtel
des Invalides.

Louvois, le grand ministre du grand roi, eut le
premier la pensée de faire exécuter et de mettre sous
les yeux de Louis XIV quelques plans-reliefs des
places fortes du royaume. A cette époque, les villes
fortifiées jouaient un grand rôle dans les guerres en
Europe. Presque toutes les expéditions avaient pour
point objectif la prise d'une place devenue importante, soit par sa position stratégique, soit par sa
population, soit encore par son étendue et ses ri-
chesses. Habituellement, dans les premières années
du règne de Louis XIV et même sur le déclin de sa
puissance militaire, si on en excepte le maréchal de
Turenne, qui marchait et manœuvrait, presque tous
les généraux s'attachaient à conquérir des places. La
guerre de siége avait pris de grands développements;
Vauban avait fait un art véritable de l'attaque et de
la défense des fortifications permanentes.

On conçoit, d'après cela, que le ministre de

Louis XIV était sûr de conquérir les bonnes grâces de son souverain en soumettant à son appréciation les plans-reliefs de ses villes fortifiées. En outre, il y avait dans ce projet une idée utile et féconde, car l'étude devait gagner beaucoup à ce qu'elle fût mise en pratique.

Louvois fit donc construire d'abord, en 1668, le plan-relief de la petite ville d'Ath. Bientôt après, on fit celui de la citadelle de Lille. Tels sont les plans-reliefs qui commencèrent la série de ceux que nous sommes fiers de posséder aujourd'hui. Il est juste de dire cependant, que trois années avant, en 1665, Andréossy, employé au canal du Midi sous Riquet, fit le plan-relief de la ville de Narbonne, mais à une très-petite échelle. Cependant, il n'est pas impossible que là ait été puisée l'idée-mère des galéries qui existent aujourd'hui à l'hôtel des Invalides.

Sous les monarques puissants qu'animent de grandes idées et qui peuvent de grandes choses, une pensée utile est vite mise à exécution. Sous Louis XIV, cinquante plans-reliefs furent construits. Nous devons dire qu'on ne mettait pas alors à ces travaux le fini d'exécution et d'exactitude qu'on y apporte aujourd'hui. Ces curieux spécimens de notre puissance militaire furent placés dans la galerie du palais des Tuileries qui est en communication avec celles du palais du Louvre, sur le bord de la Seine.

Louis XV adopta pour les plans-reliefs les idées de son prédécesseur, en sorte que la galerie s'augmenta rapidement. Briançon (encore aujourd'hui aux Invalides), Philipsbourg, Saint-Omer et plusieurs autres plans-reliefs furent exécutés et on mit à les faire plus de temps et plus de soin que sous le règne précédent. On jugea alors avec raison qu'il était indispensable d'avoir un homme spécial, un militaire ingénieur de mérite, qui fût chargé du soin et de la conservation de ces travaux remarquables. Larcher Daubancourt, qui fut préposé à ce service en 1756, peut donc être considéré comme ayant le premier rempli la place honorable de conservateur des plans-reliefs. En 1758, sous le maréchal de Belle-Isle, la restauration des anciens plans, qui commençaient à se détériorer, fut ordonnée et effectuée. Cinq artistes, des plus capables, furent employés à ce travail de réparation, depuis l'année 1765 jusqu'en 1794. L'un de ces hommes habiles dans leur art, nommé Joseph Gingembre, travailla pendant cinquante années de sa vie à réparer les anciens plans; il en construisit très-peu de nouveaux.

Louis XVI étant monté sur le trône en 1774, on voulut donner à la galerie du Louvre, qui renfermait les plans-reliefs, la destination qu'elle a aujourd'hui, celle d'être dépositaire des chefs-d'œuvre de peinture des grands maîtres anciens. On chercha un local pour les plans-reliefs; on songea à placer la belle collection de ces images fidèles de nos places fortes dans les grandes galeries formées par les combles de l'hôtel des Invalides. Au moyen d'une faible dépense on fit approprier le local, et, en 1777, on procéda à la translation. Cependant, comme à cette époque beaucoup des plans-reliefs, construits sous Louis XIV, étaient la représentation de places rasées, démolies, on crut inutile de conserver leur image, portrait dont l'original n'existait plus. Il y en avait alors, dans les galeries du Louvre, 120.

Les choses restèrent dans cet état jusqu'au commencement de la Révolution. En 1791, au commencement de la création du comité des fortifications, il fut statué que le génie aurait des archives, dirigées par un officier supérieur, prenant la qualification de directeur, lequel serait aussi chargé de la conservation et de l'entretien des plans-reliefs. On nomma à ce poste le lieutenant-colonel d'Assigny; puis, en 1792, M. Benezech de Saint-Honoré, et enfin, en 1793, Carnot jeune, frère de l'illustre ingénieur.

Carnot jeune resta directeur de la galerie jusqu'en 1794; pendant qu'il occupait cette position, il obtint qu'on fît le plan en relief de la ville et du port de Toulon. Il demanda en outre un relief pour l'école des ponts et chaussées, où l'on avait établi un cours de fortification.

A Carnot jeune succéda, en 1794, le chef de brigade Morlet, auquel, en juillet 1800, on adjoignit le chef de bataillon Prieur. Le 25 décembre 1801, on réunit dans les mêmes mains les directions du dépôt des fortifications et du dépôt des plans-reliefs. Boucher Morlaincourt, commandant du génie, fut chargé de cette double direction ; on mit en outre sous sa haute surveillance un nouveau dépôt, créé pour former une collection de modèles de machines et de constructions.

De mars 1805, époque à laquelle Morlaincourt fut envoyé à Gênes, jusqu'en octobre 1808, le dépôt des plans-reliefs eut pour directeur Advenié de Fontenille. Allent, secrétaire du comité des fortifications, remplaça ce dernier et eut pour adjoint le capitaine Bayart.

Allent, dont la santé était fort affaiblie, entra au comité du génie en 1812, et eut pour successeur *intérimaire* le capitaine Bayart.

Depuis le 18 avril 1810, il y eut en outre un conservateur de cette galerie, Auguste Bonnet, officier de mérite, qui occupa cette place jusqu'en 1838, époque de sa mort.

Les fonctions du capitaine Bayart furent remplies, du 16 mars 1813 au 9 juillet 1814, par le chef de bataillon Teissier, et, du 9 juillet 1814 au 1er mars 1816, par le colonel Girod de Novilars.

La galerie, placée sous la haute direction du comité des fortifications, eut encore, de 1838 à 1848, un homme distingué pour *conservateur* : ce fut le lieutenant-colonel Audé. Aujourd'hui, le conservateur est le colonel du génie Augoyat, ancien professeur de fortification à l'école d'application d'état-major. Les services militaires du colonel Augoyat remontent aux premières campagnes du premier Empire, puisqu'il fut blessé en 1806 au siége de Gaëte, où il était déjà un remarquable officier de son arme ; il est connu dans le monde militaire par un grand nombre de productions littéraires, spéciales au corps du génie, productions d'un mérite réel. Bien qu'à un âge assez avancé, cet officier supérieur est encore un des plus brillants écrivains du *Spectateur militaire*. C'est à l'une de ses nombreuses brochures que nous empruntons une partie des détails de cette notice.

De 1794 à 1808, on construisit le relief de Toulon et de ses forts, le relief du système de fortification de Carnot aîné; le passage du pont de Lodi; trois petits reliefs représentant, le premier, l'escalade, par un temps de neige, d'une ville fortifiée à l'antique ; le second, l'assaut, à la face gauche, d'un bastion après la brèche faite; le troisième, le passage de vive force d'un pont retranché. — Établis sur une petite échelle avec figurines, ces trois reliefs sont des objets d'art et d'un goût parfait.

La galerie s'enrichit successivement des reliefs de Brest et de Cherbourg. Le conservateur Bonnet fit retoucher les anciens plans. On restaura tout ce qui se rapportait à l'imitation de la nature morte, la végétation des arbres, etc. C'est ainsi qu'on est arrivé à ce degré de perfection qui étonne aujourd'hui et remplit d'admiration les nombreux visiteurs des galeries.

En 1815, la galerie perdit vingt reliefs de places de la frontière entre le Rhin et l'Océan (du Nord-Est), enlevés par les Prussiens.

En 1816, on l'appauvrit encore en restituant à la Hollande et au Piémont les reliefs de leurs places. Il est juste de dire que ces plans-reliefs étaient assez mauvais; ils n'avaient pas été confectionnés en France.

Bayonne en 1823, Metz en 1825, le château de Joux et Avesne en 1826, Bitche en 1828, Maubeuge en 1830, la citadelle d'Anvers en 1834, la carte relief de la Suisse en 1833, Strasbourg en 1836, l'hôtel des Invalides (qu'on voit dans la bibliothèque de l'Hôtel) en 1838, vinrent successivement combler les lacunes faites en 1815 et 1816.

Les plans de Marsal, de Sedan, du fort de l'Écluse, commencés pendant que M. Bonnet était conservateur, furent achevés. Ceux du Mont-Valérien, de Grenoble et quelques reliefs d'études, furent encore construits sous M. le lieutenant-colonel Audé.

Depuis que la galerie a pour conservateur le colonel du génie en retraite Augoyat, cette galerie s'est enrichie de plusieurs plans-reliefs : celui de Grenoble, complétement terminé en 1848, celui du siége de Rome et celui de Constantine, ce dernier exécuté par les sieurs Duclaux et Abadie.

Il faut plusieurs années d'études préparatoires, des levés très-exacts et à une très-grande échelle, puis des travaux manuels intelligents et des dépenses considérables, pour arriver à la bonne confection d'un plan-relief tel que la plupart de ceux qui existent dans la galerie de l'Hôtel des Invalides. On en jugera approximativement, quand on saura que pour le dernier qui a été exécuté, celui de Rome (le front d'attaque, le Transtevère et la partie de la ville qui borde le Tibre du pont Sixte au mont Aventin), on a employé 2,500 journées de travail. Ce plan a coûté à l'État 18,300 francs. Le plan-relief de Cherbourg, le plus grand qu'on ait jamais construit (il a 17 mètres de longueur sur 9 mètres 50 centimètres de largeur), a occasionné une dépense considérable et a demandé un grand nombre d'années. Celui de Grenoble, fort remarquable par un relief du terrain qui est un chef-d'œuvre, a duré dix ans à construire et a coûté 65,200 fr.

Les travaux continuent toujours ; sans cesse on répare et on augmente. Il est probable qu'avant peu on rentrera en possession de quelques plans des places de la Savoie.

Chaque année on ouvre les galeries pendant six semaines, temps bien court, mais qui est limité forcément par cette circonstance fâcheuse que la poussière soulevée par les nombreux visiteurs détériore rapidement ces chefs-d'œuvre si utile pour l'étude, et au moyen desquels nos jeunes officiers et élèves des écoles d'état-major et Polytechnique sont admis à prendre des notions pratiques sur la fortification permanente.

DESCRIPTION ET EMPLACEMENT.

La galerie des plans-reliefs se compose de quatre salles.

La première contient dix-neuf plans, savoir : ceux d'Antibes, de Bayonne, de Briançon, de Chapus (fort), de Cherbourg, d'Embrun, de Fort-les-Bains, de Lagarde (fort et Pratz-de-Mollo), de Marsal, de Metz, de Mont-Dauphin, de Perpignan, de Saint-Tropez, de Sedan, de Strasbourg (réparé cette année), de Toul, de Verdun et de Villefranche (total 19 plans).

La deuxième salle contient les plans d'Anvers, de Brest, de l'Écluse (fort), à une petite échelle, de l'Écluse (fort), à une grande échelle, de Grenoble, de Joux (château de Joux et fort de Larmont), du Mont-Cenis, de Rome (siége), d'un simulacre d'attaque et de surprise par un temps de neige, d'une ville ancienne fortifiée. (Total 9 plans).

La troisième salle contient, à droite, six plans : d'Arras, d'Avesnes, de Belfort, de Besançon, de Bitche, de Fort-Barrault, du Château-d'If, de Landrecies, de Laon, du passage du pont de Lodi, de Maubeuge, de Neufbrisach, de Rocroi, du fort Saint-Nicolas (à Marseille), le plan du simulacre d'assaut d'une ville moderne fortifiée, celui de la Suisse. A gauche on trouve dans la même salle les plans-reliefs : d'Aire, de Belle-Ile, de Calais, de Conchée (l'île de la), de

Constantine, de Douai, de Gravelines, des îles de
Lérins, du Mont-Saint-Michel, du Mont-Valérien, de
l'île de la Réunion, de Saint-Omer, le simulacre du
passage de vive force d'un pont. (Total des plans de
la troisième salle 29.)

La quatrième salle ne contient que : le défilé des
troupes de l'armée d'Orient, l'Hôtel-de-Ville de Paris,
la défense de Mazagran, le fort de Médoc et la vue
des ruines de Saragosse. (Total 5 plans.)

Total général 62 plans-reliefs.

PREMIÈRE SALLE.

Antibes. — Place, citadelle et fort détaché, —
plan-relief construit en 1754, par l'ingénieur Nézot,
échelle de 1/600, — surface 4^m,75 sur 5^m,38. (Place
forte de 1re classe, comprise dans le département du
Var et située sur la Méditerranée, port de mer. —
Elle doit l'origine de ses fortifications à François Ier,
puis à Henri IV. Louis XIV la fit ce qu'elle est. —
Assiégée en 1746 par les impériaux.)

Bayonne. — Place, citadelle et ouvrages détachés,
— plan-relief construit en 1822 sous la direction de
M. Bonnet, — échelle de 1/600 — surface 8^m,50 sur
6^m,54. (Place de 1re classe comprise dans les Basses-
Pyrénées et située sur les bords de l'Adour à une
lieue de la mer. — Prise par Charles VII sur les Anglais, souvent inutilement assiégée par les Espagnols,
attaquée en 1814 par les Anglais.)

Briançon. — Place et forts détachés. — Plan-relief construit en 1756 par Nézot, ingénieur. — Échelle de 1/600 — surface 7m,90 sur 5m,56. (Place de 1re classe, comprise dans le département des Hautes-Alpes, située sur la rive droite de la Durance, — prise en 1590 sur les Ligueurs par le duc de Lesdiguières. — C'est la ville fortifiée de France qui a la plus grande altitude; — des forts, dominant les vallées environnantes et communiquant entre eux au moyen de souterrains placés dans le roc, la défendent. — Elle est regardée comme imprenable.

Fort Chapus. — Plan-relief construit en 1691, restauré en 1827, — échelle de 1/162, — surface 5m50 sur 0m70. — Poste militaire compris dans le département de la Charente-Inférieure. — Situé sur l'Océan, vis-à-vis l'île d'Oléron, avec un petit port.

Cherbourg. — Plan-relief en deux parties; la première comprenant la place et les établissements qui en dépendent, les forts de terre et redoutes avancées; la seconde, la digue et l'île Pelée, — construit en 1819, sous la direction du conservateur Bonnet, — échelle de 1/600, — surface, 16m01 sur 9m46. — (Place de première classe comprise dans le département de la Manche, et située sur l'Océan, à l'embouchure de la Divette, fortifiée dès le dixième siècle, — attaquée en 1326 par les Anglais, — livrée par Charles le Mauvais, ou prince Noir; — reprise par les Français sous Charles VII, souvent attaquée, elle fut défendue et sauvée par ses propres habitants;

— prise en 1758 et pillée par les Anglais. — En 1803, le Premier Consul fit commencer le port militaire, qui fut achevé en 1813. — Du 4 au 9 août 1858, le port militaire reçut les escadres de France et d'Angleterre. — L'Empereur Napoléon III, l'Impératrice et la Reine d'Angleterre s'y trouvaient réunis; — le 8, inauguration de la statue de Napoléon Ier. — Cherbourg, le port français le plus important de l'Océan, a huit forts, dont trois sur la digue; six redoutes et des ouvrages détachés en grand nombre. La construction de la digue commencée en 1786, a été terminée en 1852.

Embrun. — Plan-relief construit en 1710, — échelle de 1/600, — surface, 2^{m}43 sur 3^{m}37 (place de deuxième classe du département des Hautes-Alpes, située sur la rive droite de la Durance, — ville fort ancienne, prise en 1589 par les Français).

Fort-les-Bains. — Plan-relief construit en 1691, échelle de 1/600, surface de 1^{m}38 sur 1^{m}10. — (Poste militaire des Pyrénées-Orientales, situé à 31 kilomètres de Perpignan, bâti par Louis XIV en 1670, il sert à assurer les communications entre Perpignan, Pratz-de-Mollo et Bellegarde.

Fort La Garde de Pratz de Mollo. — Plan-relief construit en 1691. — Échelle de 1/600; — surface, 1^{m}67 sur 1^{m}04. (Poste militaire appartenant à la ville forte de Pratz de Mollo, comprise elle-même dans le département des Pyrénées-Orientales, et située sur la rive gauche du Tach. Le fort La Garde a été construit en 1679 par ordre de Louis XIV, sur les plans de Vauban.)

Marsal. — Plan-relief construit en 1859 sous la direction de M. Bonnet, complété en 1860 sous celle du colonel Augoyat. — Échelle de 1/600; — surface, 7m65 sur 4m86. — Représente la place avec ses ouvrages extérieurs d'après l'état des lieux en 1860. (Place de 2e classe du département de la Meurthe, située sur la rive gauche de la Seille, fortifiée en 1260, démantelée par Louis XIII, restaurée par Louis XIV, bombardée en 1815.)

Metz. — Plan-relief construit en 1825 sous la direction de M. Bonnet. — Échelle de 1/600; — surface, 9m20 sur 7m51. — comprenant les ouvrages détachés d'après l'état des lieux en 1825. (Place de 1re classe, chef-lieu du département de la Moselle, située sur la rive droite de la Moselle. Fondée par les Gaulois; conquise par les Romains; ruinée par Attila; capitale de la Lorraine en 855; prise en 925; assiégée par Charles-Quint (en 1552), qui fut forcé de lever le siège après soixante-cinq jours d'attaque; réuni à la France par le traité de Westphalie en 1648.)

Mont-Dauphin. — Plan-relief construit en 1709. — Échelle de 1/600; — surface de 5m42 sur 2m90; — comprenant la place et les environs (Place de 2e classe des Hautes-Alpes, située sur la rive droite du Guil, à 18 kilomètres d'Embrun; perchée sur une montagne escarpée, elle domine quatre vallées. Fortifiée en 1693 par Vauban.)

Perpignan. — Plan-relief construit en 1701. — Échelle de 1/600 ; — surface de 4^m86 sur 4^m64, — comprenant la citadelle et le terrain environnant. (Place de 1re classe, chef-lieu du département des Pyrénées-Orientales, à 8 kilomètres de la Méditerranée, sur la route de France en Espagne par la Catalogne ; — jadis capitale du Roussillon ; assiégée en 1474 par Louis XI ; prise par Louis XIII en 1642.)

Saint-Tropez. — Plan-relief construit en 1716.— Échelle de 1/600 ; — surface, 1^m55 sur 1^m37 ; — comprenant la ville et la citadelle. (Poste militaire du département du Var ; port sur la Méditerranée à 40 kilomètres de Draguignan.)

Sedan. — Plan-relief construit en 1841, sous la direction de M. Audé, complété sous celle du colonel Augoyat en 1855. — Échelle de 1/600 ; surface, 5^m85 sur 4^m65 ; — comprenant la place, le château fortifié, les environs, l'enceinte de Torcy, d'après l'état des lieux en 1855. (Place de 1re classe du département des Ardennes, située sur la rive droite de la Meuse ; prise par Charles le Chauve ; tombée aux mains de Louis, roi de Germanie, en 880 ; passée à la maison de Latour-d'Auvergne en 1591 ; échangée en 1641, puis réunie à la France.)

Strasbourg. — Plan-relief construit en 1836 sous la direction de M. Bonnet, réparé et complété en 1863 sous la direction du colonel Augoyat. — Échelle de 1/600, — surface 10^m90 sur 6^m64, comprenant la place, la citadelle, le Robertsau, le cours du Rhin, les canaux et les cours d'eau, les ouvrages avancés et le chemin de fer de Paris à Kehl, d'après l'état des lieux en 1861. (Place de 1re classe, chef-lieu du département du Bas-Rhin, située sur l'Ille, près la rive gauche du Rhin, fondée par les Romains ; tombée au pouvoir de Clovis, passée aux Empereurs d'Allemagne, elle se donna volontairement à Louis XIV qui s'était emparé de l'Alsace ; une des places les plus fortes de l'Europe, ses approches peuvent être facilement inondées).

Toul. — Plan-relief construit en 1861 sous la direction du colonel Augoyat. — Échelle 1/600, — surface 6m66 sur 5m85, comprenant la place et ses environs, le chemin de fer, le canal de la Marne. (Place de 2me classe, du département de la Meurthe, située sur la rive gauche de la Moselle, à 24 kilomètres de Nancy ; — conquise en 575 par les Romains, reprise par Childéric 1er ; emportée d'assaut en 1401 par Charles II ; cédée par Charles le Simple à Henri l'Oiseleur ; conquise en 1552 par Henri II ; remise à la France à la suite du traité de Westphalie en 1648 ; assiégée en 1815 par les Prussiens).

Toulon. — Plan-relief construit en 1800 par Gingembre. — Échelle de 1/600, — surface 6m60 sur 4m26, comprenant la place, le port, les bastions, une partie des rades, quelques forts détachés, le camp retranché de Sainte-Anne. (Place de 1re classe, du département du Var, port sur la Méditerranée ; ravagée à plusieurs reprises par les Sarrasins ; dévastée en 1197 par des pirates des côtes d'Afrique ; prise en 1536 par le connétable de Bourbon, commandant les troupes de Charles-Quint ; assiégée en vain par le duc Savoie en 1707 ; fortifiée par Vauban sous Louis XIV ; livrée aux Anglais le 16 août 1793 ; reprise quatre mois plus tard par Bonaparte).

Verdun. — Plan-relief construit en 1856 sous la direction du colonel Augoyat. — Échelle de 1/600, — surface 7ᵐ50 sur 7ᵐ, comprenant la citadelle, la place et les environs. (Place de 1ʳᵉ classe, du département de la Meuse, sur la rive gauche de la rivière du même nom ; conquise par Clovis en 502 ; prise par Henri II en 1552, assurée à la France en 1648 par le traité de Munster ; prise par les Prussiens en 1792, évacuée après Valmy.)

Villefranche. — Plan-relief construit en 1701. — Échelle de 1/600, — surface 4ᵐ37 sur 3ᵐ35, comprenant la place, les environs et un fort détaché. (Place de 1ʳᵉ classe, du département des Pyrénées-Orientales, sur la rive droite du Tet ; fondée par Guillaume, comte de Cerdagne ; passée en 1475 à la France, rendue aux rois d'Aragon en 1475 par Charles VIII, reprise en 1654).

DEUXIÈME SALLE.

Siége de la citadelle d'Anvers. — Plan-relief construit en 1834, sous la direction de M. Bonnet. — Échelle de 1/600 ; — surface 4ᵐ20 sur 2ᵐ80, comprenant la fortification, les travaux d'attaque et de défense. (Place de la Belgique sur l'Escaut, avec un port de mer.

Brest. — Plan-relief construit en 1811, sous la direction de M. Bonnet. — Échelle de 1/600 ; — surface 16ᵐ45 sur 7ᵐ93, comprenant la place, le château, le port, la rade et les forts qui défendent l'entrée du Goulet. (Place de 1ʳᵉ classe, sous-préfecture du département du Finistère. Les Français la prirent en 1488 à Anne de Bretagne, fut réunie à la France par son mariage avec Charles VIII. Le cardinal de Richelieu fit nettoyer et creuser son port et commencer des fortifications, achevées sous Louis XIV.

Fort l'Écluse (1ᵉʳ plan). — Plan-relief construit en 1841, sous la direction de M. Audé. — Échelle de 1/600 ; — surface 3ᵐ50 sur 2ᵐ55, comprenant le fort inférieur et celui supérieur avec le terrain qui les environne. (Poste militaire français, département de l'Ain. Il appartint aux ducs de Savoie de 1057 à 1601, époque à laquelle il fut cédé à la France. Pris et repris plusieurs fois par les Bernois et les Genevois, en 1814 par les Autrichiens et repris par les Français ; les Autrichiens firent, en 1815, sauter une partie des fortifications, qui ont été rétablies depuis. Il comprend maintenant deux forts : le supérieur, de construction récente, élevé de 19ᵐ au-dessus de l'ancien).

Fort de l'Écluse (2ᵐᵉ plan). — Plan-relief construit en 1844, sous la même direction que le premier.

— Échelle de 1/200; — surface 2ᵐ17 sur 0ᵐ80. Ce plan est à pièces mobiles; on y remarque un escalier souterrain de onze cent soixante-quatorze marches taillé dans le roc, faisant communiquer les deux forts).

Grenoble. — Plan-relief construit en 1848, sous la direction du lieutenant-colonel Audé. — Échelle de 1/600; — surface 8ᵐ20 sur 7ᵐ25, comprenant la place, la citadelle, le terrain environnant et le mont Rachais. (Place de 1ʳᵉ classe, du département de l'Isère, sur la rive gauche de cette rivière. Ancienne ville gauloise; elle passa sous la domination romaine, puis bourguignonne, enfin cédée à la France vers 1477. Ses fortifications furent augmentées par le connétable de Lesdiguières. En 1835, elle reçut une nouvelle enceinte. Le plateau de la bastille, sur la rive droite de l'Isère, domine toute la ville et a reçu un fort qui est la citadelle de la place; l'ancienne citadelle est devenue l'arsenal).

Le château de Joux et le fort de Larmont. — Plans-relief construits, le premier, en 1826, sous la direction de M. Bonnet, le deuxième, en 1853, sous celle du colonel Augoyat, — Échelle de 1/600; — surface 5ᵐ48 sur 1ᵐ78, comprenant les deux forts et la route de Pontarlier qui les sépare. (Postes militaires du département du Doubs. Le château de Joux a servi autrefois de prison; il a soutenu, au dix-huitième siècle, un siége de quinze jours; le fort de Larmont est de construction récente).

Le Mont-Cenis. — Relief construit en 1812 par le commandant Clerc. — Échelle de 1/5000 ; — surface 2ᵐ55 sur 2ᵐ29, comprenant la montagne tout entière, faisant partie de la chaîne des Alpes et formant le nœud des Alpes Cottiennes et des Alpes Grecques. Son point culminant est à 3,495 mètres au-dessus du niveau de la mer. On y voit un hospice fondé par Louis le Débonnaire.

Le siége de Rome. — Plan-relief construit en 1852, sous la direction du colonel Augoyat. — Surface comprenant le terrain des attaques du siége, commencé par l'armée française le 4 juin et terminé le 3 juillet 1849 par la prise de la ville ; il comprend aussi tout le Transtévère et la partie de la ville qui borde le Tibre, depuis le pont Sixte jusqu'au mont Aventin.

Simulacre d'escalade et de surprise, par un temps de neige, d'une ville fortifiée à l'antique. — Plan relief construit en 1805, par M. Boitard aîné.

TROISIÈME SALLE (partie de gauche).

Aire. — Plan-relief exécuté en 1745 par Nézot. — Échelle de 1/600 ; — surface de 5ᵐ90 sur 4ᵐ67, comprenant la place et ses environs. (Place de 1ʳᵉ classe, du département du Pas-de-Calais, prise et reprise plusieurs fois par les armées françaises et espagnoles pendant les guerres de la minorité et du règne de Louis XIV, cédée définitivement à la France par le traité d'Utrecht, en 1713.

Belle-Ile. — Plan-relief exécuté en 1704 par Teissier. — Échelle de 1/600; — surface de 2ᵐ50 sur 2ᵐ58, comprenant la ville de Palais et la citadelle. (Place de 1ʳᵉ classe, située dans le département du Morbihan, en mer, à 12 kilomètres de la presqu'île de Quiberon. Cette île, habitée autrefois par des forbans, s'appelait jadis île des Larrons. Elle appartint ensuite à des moines, puis à Charles IX, érigée en marquisat pour le surintendant Fouquet qui fit fortifier la place de Palais ; elle revint à l'État sous Louis XV.

Calais. — Plan-relief exécuté en 1691, restauré et complété en 1833. — Échelle de 1/600; — surface 7ᵐ53 sur 4ᵐ63, comprenant la place, la citadelle, le fort Nieulay, le bassin des bateaux à vapeur et la ville basse. (Place de 1ʳᵉ classe du département du Nord, port de mer sur la Manche ; fortifiée avant 1228, elle fut prise par famine par le roi d'Angleterre Édouard III, en 1347, reprise par le duc de Guise en 1558, enlevée de nouveau en 1596 et restituée en 1598.)

La Conchée. — Plan-relief exécuté en 1700, restauré et complété en 1813, comprenant le fort et le rocher sur lequel il est construit. (Poste militaire dépendant du département d'Ile-et-Vilaine et situé dans la Manche, à 4 kilomètres de Saint-Malo).

Constantine. — Plan-relief, construit en liége par MM. Duclaux et Abadie. — Échelle de 1/200, comprenant le rocher sur lequel la ville est bâtie, le ravin du Rummel, qui entoure la moitié de la ville, et les cascades que forment cette rivière. (Place forte de 2me classe, chef-lieu de la province de ce nom, en Algérie. Ancienne capitale de la Numidie, appelée *Cirta*; fortifiée par les Romains; devenue, sous les Arabes, chef-lieu d'une province gouvernée par un bey, dépendant du dey d'Alger; attaquée sans succès par le maréchal Clausel en 1836, fut assiégée et prise d'assaut en 1837 par le général Vallée.

Douai. — Plan-relief exécuté en 1711. — Échelle de 1/600; — surface 8m34 sur 5m19, comprenant la place et ses environs, le fort de Scarpe et d'autres forts détachés. (Place de 1re classe du département du Nord. Prise en 1297 par Philippe le Bel, rendue par Charles V au comte de Flandre en 1368; prise en 1667 par Louis XIV, reprise en 1710; elle resta définitivement à la France par le traité d'Utrecht).

Gravelines. — Plan-relief construit en 1699. — Échelle de 1/600; — surface 4m60 sur 3m73, comprenant la place, son réduit et le terrain environnant. (Place de 1re classe, sur la rive gauche de l'Aa, petite rivière du département du Nord, près de son embouchure dans la Manche. Charles-Quint y fit construire un château-fort. Conquise par l'armée française en 1658, elle fut définitivement acquise à la France par le traité des Pyrénées en 1659.

Les îles de Lérins. — Plan-relief exécuté en 1728. Échelle de 1/1200; — surface 1m60 sur 1m40, comprenant les deux îles de Sainte-Marguerite, avec son château, et de Saint-Honorat, situées dans la Médi terranée, à 4 kilomètres de Cannes; elles dépendent du département du Var.

Mont-Saint-Michel.—Plan-relief exécuté en 1701. Échelle de 1/131; — surface 2^m25 sur 1^m60, comprenant le château fortifié et le village. (Poste militaire du département de la Manche, situé sur un rocher, formant île à marée haute, à 11 kilomètres d'Avranches. Abbaye de l'ordre de Saint-Michel, devenu une maison de détention.

Le Mont Valérien. — Plan-relief construit en 1844, sous la direction de M. Audé. — Échelle de 1/500; — surface 2^m26 sur 2^m15, comprenant la forteresse et ses environs. (Place de 1re classe du département de la Seine, faisant partie du système de défense de Paris, situé sur un plateau où était placée une maison religieuse appelée le Calvaire. Ce relief, construit pour l'instruction du jeune comte de Paris, a été retiré en 1848 du pavillon Marsan et placé dans la collection aux Invalides.)

Ile de la Réunion. — Carte en relief exécutée en 1855 par M. Maillard, ingénieur de la colonie, à l'Échelle de 1/150000, comprenant l'île entière, située à 140 kilomètres de l'île Maurice, 540 de Madagascar.

Saint-Omer. — Plan-relief exécuté en 1748, par Gengembre. — Échelle de 1/600; — surface 10^m65 sur 5^m74, représentant la place, la citadelle, les forts détachés et un camp retranché. (Place de 1re classe, du département du Pas-de-Calais, située sur l'Aa, petite rivière. Elle appartenait, en 645, à Saint-Omer, évêque de Thérouenne. Louis II l'assiégea inutilement en 1457. Elle n'appartint définitivement à la France qu'en 1678, après le traité de Nimègue.

Simulacre de passage de vive force d'un pont. — Relief construit en 1805 par M. Boitard aîné. Pièce uniquement d'étude.

TROISIÈME SALLE (partie de droite).

Arras. — Plan-relief construit en 1716, par Devèze. — Échelle de 1/600; — surface 6ᵐ07 sur 4ᵐ96, comprenant la place avec son réduit et d'autres ouvrages détachés. (Place de 1ʳᵉ classe, du département du Pas-de-Calais, sur la rive droite de la Scarpe; ville très-ancienne, qui a été souvent assiégée, prise et reprise en 901 par Charles le Simple, en 1492 par l'archiduc Maximilien d'Autriche, en 1578 par le prince d'Orange, en 1640 par les maréchaux de la Meilleraye et de Chaulnes; cédée à la France par le traité des Pyrénées en 1659).

Avesnes. — Plan-relief construit en 1826, sous la direction de M. Bonnet. — Échelle de 1/600; —surface 7ᵐ55 sur 5ᵐ35, comprenant la place et ses environs. (Place de 1ʳᵉ classe du département du Nord. Elle appartenait aux comtes de Hainaut, de Hollande et de Zélande, fut prise par Louis II, puis par les Espagnols en 1559, enfin cédée à la France en 1659 par le traité des Pyrénées.

Belfort.—Plan-relief construit par Gengembre en

1785, restauré en 1825 sous la direction de M. Bonnet — Échelle de 1/600 ; — surface 4^m91 sur 4^m27, comprenant la place, la citadelle et les ouvrages avancés. (Place de 1re classe du département du Haut-Rhin. En 1648 c'était une ville ouverte, qui fut cédée à la France par l'Autriche. Fortifiée en 1686 par Vauban. Louis XIV l'avait donnée en 1659 au cardinal Mazarin. Elle fut prise trois fois à la fin du dix-septième siècle et assiégée en 1814.)

Besançon. — Plan-relief construit en 1712. — Échelle de 1/600 ; — surface 6^m21 sur 4^m30, comprenant la place et la citadelle. (Place de 1re classe, chef-lieu du département du Doubs, située sur la rive gauche de cette rivière qui l'entoure. Ville fort ancienne, plusieurs fois prise par les Allemands et reprise par les Bourguignons ; cédée à l'Espagne par le traité de Munster. Louis XIV la conquit en 1674. En 1814, l'armée autrichienne en fit, sans succès, le siége pendant trois mois.)

Bitche. — Plan-relief construit en 1822, sous la direction de M. Bonnet, restauré et complété en 1853, sous la direction du colonel Augoyat. — Échelle de 1/600 ; — surface 6^m02 sur 5^m, comprenant la ville et le château. (Place de 1re classe, du département de la Moselle, ayant appartenu aux ducs de Lorraine. Les Français s'en emparèrent en 1652 ; rendue par le traité de Riswick, elle revint à la France en 1740 et fut fortifiée. L'armée prussienne tenta vainement de la prendre en 1797).

Fort Barrault. — Plan-relief construit en 1674. — Échelle de 1/600 ; — surface 4ᵐ50 sur 4ᵐ, comprenant le fort, le village et les environs. (Place de 1ʳᵉ classe du département de l'Isère, sur la rive droite de cette rivière, à l'entrée de la vallée de Grésivaudan. Construite en 1596 par Charles-Emmanuel, duc de Savoie ; prise la même année par le maréchal Lesdiguières ; restée depuis à la France.)

Le Château-d'If. — Plan-relief construit en 1686. — Échelle de 1/195 ; — surface 1ᵐ55 sur 1ᵐ36, comprenant le château et le rocher sur lequel il est bâti. (Poste militaire du département des Bouches-du-Rhône, situé dans la rade de Marseille, à 3 kilomètres de la ville ; a longtemps servi de prison d'État.)

Landrecies. — Plan-relief construit en 1723. — Échelle de 1/600 ; — surface 5ᵐ91 sur 5ᵐ17, comprenant la place et la citadelle. (Place de 1ʳᵉ classe, du département du Nord ; prise par François Iᵉʳ en 1543, assiégée sans succès par Charles-Quint ; cédée à la France en 1659 par le traité des Pyrénées. Elle se défendit en 1712 contre le prince Eugène, fut prise en 1794 par les Autrichiens et reprise la même année).

Laon. — Plan-relief construit en 1855, sous la direction de M. le colonel Augoyat. — Échelle de 1/600 ; — surface 5ᵐ25 sur 5ᵐ85, comprenant la place et la citadelle. (Poste militaire, chef-lieu du département de l'Aisne.)

Le passage du pont de Lodi. — Relief construit en 1805, sous la direction de M. Bonnet, représentant le combat livré en 1796.

Maubeuge. — Plan-relief construit en 1830, sous la direction de M. Bonnet. — Échelle de 1/600; — surface 5m61 sur 5m23, comprenant la place et un camp retranché. (Place de 1re classe du département du Nord, fondée par sainte Aldegonde pour un chapitre de chanoinesses; souvent prise et reprise par les Français et les Espagnols, et enfin par Louis XIV en 1649; démantelée en 1680, fortifiée de nouveau par Vauban).

Neuf-Brisach. — Plan-relief construit en 1706. — Échelle de 1/600; — surface de 4m40 sur 5m50, comprenant la place. (Place de 1re classe, chef-lieu de canton du département du Haut-Rhin, construite en 1690 par ordre de Louis XIV, par Vauban, pour l'opposer à Vieux-Brisach, cédé par le traité de Riswick.)

Rocroi. — Plan-relief construit en 1701. — Échelle de 1/600; — surface de 4m30 sur 3m60, comprenant la place et ses environs. (Place de 1re classe, du département des Ardennes, fortifiée en 1557 sous François Ier. Le grand Condé y battit les Espagnols le 19 mai 1643. Prise la même année par les Espagnols, elle revint à la France en 1659, par le traité des Pyrénées.)

Fort Saint-Nicolas, à Marseille. — Plan-relief construit en 1684. — Échelle de 1/183; — surface de 1m42 sur 1m30, comprenant le fort et le rocher sur lequel il est construit. (Poste militaire défendant le port de Marseille.)

Le Simulacre d'assaut d'une ville fortifiée à la moderne. — Pièce d'étude construite en 1805 par M. Boitard.

La Suisse. — Carte en relief à l'échelle de 1/29675 pour la planimétrie et de 1/16425 pour les dimensions verticales; — surface de 7ᵐ84 sur 6ᵐ15, modelé en carton-pâte par M. Gaudin en 1822, restauré à la galerie en 1855, comprenant toute la surface du pays avec ses glaciers, ses lacs, etc.

QUATRIÈME SALLE.

Le défilé des troupes de l'armée d'Orient. — Plan-relief exécuté par M. Foulley, ancien militaire de l'Empire, qui l'a offert à Sa Majesté l'Empereur Napoléon III. — Échelle de 0ᵐ012 pour mètre; — surface de 2ᵐ60 sur 1ᵐ50, représentant le défilé des troupes sur la place Vendôme, le 29 décembre 1856.

L'Hôtel-de-Ville de Paris. — Relief à la même échelle et par le même auteur que le précédent, offert également à Sa Majesté l'Empereur Napoléon III; — surface de 2ᵐ47 sur 1ᵐ92, représentant l'arrivée du duc d'Orléans à l'Hôtel-de-Ville, le 31 juillet 1830.

La défense de Mazagran. — Relief à la même échelle, par le même auteur que le précédent, et offert de la même manière à Sa Majesté l'Empereur Napoléon III; — surface de 1ᵐ75 sur 1ᵐ66, représentant la défense de Mazagran par 125 Français contre les Arabes, les 3, 4 et 5 février 1840.

Le fort Médoc. — Plan-relief exécuté en 1703, restauré en 1771, représentant le fort et ses environs. (Poste militaire situé sur la rive gauche de la Gironde, vis-à-vis la place de Blaye.

VII

OBJETS DIVERS. — PEINTURES DES RÉFECTOIRES. — PHARMACIE.

Il existe à l'Hôtel des Invalides, des deux côtés des portiques qui règnent autour de la cour d'honneur, quatre immenses pièces oblongues servant de réfectoires, trois pour les hommes de troupes, une pour les officiers. Ce sont des espèces de galeries ayant chacune cinquante mètres de long sur huit de large. Elles sont ornées de peintures murales d'un grand mérite, dues au pinceau de Martin, l'un des meilleurs élèves de Vandermeulen.

A plusieurs reprises on dut les faire restaurer. Elles sont un des objets les plus curieux de l'Hôtel, et ont déjà coûté des sommes assez considérables.

En 1782, 18,000 francs furent dépensés pour les remettre en état. En 1820, un concours fut ouvert à l'Hôtel pour la restauration de ces mêmes peintures, et une nouvelle somme de 18,000 francs fut allouée à un artiste de mérite, M. *Vauthier*, pour ce travail, qui fut terminé en 1821. A cette époque on crut devoir faire remplacer treize trophées peints au réfectoire n° 2 par des tableaux analogues aux sujets des autres grands tableaux. Cela ne coûta que 740 fr. En 1839, il fallut encore retoucher les peintures du réfectoire n° 4 (côté nord-ouest). On passa un traité avec un peintre, M. Aubry, qui pour 600 francs opéra les réparations avec beaucoup de talent. En 1840 ce fut le tour du réfectoire n° 3, dont M. Gondard, moyennant 600 francs, remit les tableaux à neuf. Enfin, en 1856, les peintures et les fresques du réfectoire n° 2 furent, par un nouveau procédé et moyennant un prix de 1,700 francs, entièrement réparées. Tous ces objets d'art sont aujourd'hui dans un état parfait de conservation.

Le premier réfectoire (situé au nord-est) est orné au-dessus de la porte nord d'un sujet allégorique représentant Louis XIV porté sur les nuées et environné des Grâces, de la Justice, de la Force, de la Prudence et de la Tempérance. Il repousse l'Ignorance et la Superstition. L'Abondance et la Munificence sont personnifiées dans un groupe. La France rend grâces au ciel des bienfaits dont elle est comblée sous le règne de Louis le Grand.

Le tableau qui fait face retrace le roi Louis XIV à cheval suivi de ses gardes et revenant de ses conquêtes. La Renommée devance ses pas pour publier sa gloire. La Victoire et la Valeur le suivent chargées de palmes. La Franche-Comté soumise le précède sous la figure d'une femme enchaînée, accompagnée d'un vieillard qui représente la Flandre subjuguée.

Sur le côté de la galerie opposé aux fenêtres, on voit une série de médaillons dans lesquels sont peintes quelques-unes des places fortes de la Flandre prises par l'armée du roi, *Cambrai, Charleroi, Tournay, Douai, Bergues, Saint-Vinox, Lille, Furmes, Courtrai, Alost, Oudenarde.*

Entre les fenêtres, dans les trumeaux qui les séparent, sont représentées les conquêtes de la Franche-Comté, celles de : *Besançon, Salins, Dôle, Gray, Jouy, Saint-Laurent-Laroche, Sainte-Anne.*

Le second réfectoire (situé au sud-est, et spécialement affecté aux officiers invalides) a sur sa porte nord la déclaration de guerre de Louis XIV à la Hollande. Le roi, assis sur son lit de justice, est accompagné de la Raison, de la Religion et de la Justice. Pallas est à ses pieds, la muse de la guerre écrit le cartel. Sur le devant du tableau, Bellone se prépare à la dévastation ; la Paix est renversée ; les peuples épouvantés sortent du temple de Janus.

Le côté opposé aux fenêtres est occupé par la prise de : *Reimberg, d'Orsoi,* de *Wesel,* du *fort de la Lippe,* de *Rées,* de *Schin,* d'*Utrecht,* de *Tiel.*

Entre les fenêtres on voit la représentation de la prise : de *Graves, Bommel, Crève-Cœur, Fort-Saint-André, Voorn, Nimègue, Oudenarde, Arnheim,* etc.

Le troisième réfectoire (du sud-ouest) renferme au

dessus de l'une des portes une allégorie de Louis XIV accompagné de Minerve, de Bellone et de la Victoire, se dirigeant vers la Meuse. La Meuse, déjà soumise, lui présente Maëstricht figurée par une étoile (armes de cette ville). Le Rhin d'un côté, l'Europe de l'autre, rendent hommage au grand roi. Sur l'autre porte on voit un grand médaillon où est peinte la Clémence assise sur des trophées d'armes, tenant une Victoire avec cette devise : *Victoris Clementia.*

Vis-à-vis les fenêtres la prise : de *Maëstricht*, de *Dinan*, la *bataille de Senef*, la *levée du siége d'Oude-narde*, la *prise de Limbourg*, des trophées d'armes entre ces tableaux.

Entre les fenêtres : la prise de *Joux*, de *Besançon*, de *Dôle*, de *Salins*, de *Lure*, de *Vesoul*, de *Fauconnier.*

Le quatrième réfectoire (côté nord-ouest) est orné au-dessus de l'une de ses portes par un grand tableau représenta ¹ Louis XIV à cheval, donnant des ordres pour ses dernières campagnes. Au-dessus de l'autre porte on voit le même roi recevant les hommages des ambassadeurs d'Espagne, de Hollande et d'Allemagne pour la paix qu'il vient d'accorder à des puissances.

Le côté opposé aux fenêtres est occupé par les tableaux représentant la prise : de *Valenciennes*, de *Condé*, de *Cambrai*, de *Bouchain*, de *Saint-Omer*, de *Sire*, la bataille de *Mont-Cassel*, le secours donné à *Maëstricht*.

Entre les fenêtres, on voit : l'embrasement du *pont de Strasbourg*, la prise d'*Ypres*, de *Fort-Rouge*, de *Puycerda*, de *Saint-Guilain*, de *Fribourg*, du *Fort de Linck*, de *Bouillon*, et la bataille de *Saint-Denis* devant *Mons*.

Grande Pharmacie. — On remarque dans cette pièce, fort belle sous tous les rapports, de vastes armoires et une table en bois de chêne, sculptées d'un admirable travail et dont l'origine remonte, dit-on, à la fondation de l'Hôtel.

Nous ne croyons pas devoir donner la description des magnifiques peintures qui décorent les chapelles du dôme et l'intérieur du dôme lui-même. Elles ont été décrites longuement déjà, et leur historique se trouve dans tous les livres grands et petits qui parlent de l'Hôtel des vieux soldats.

FIN.

TABLE DES MATIÈRES